우리집
비전선언문

우리집 비전선언문

1판 1쇄 인쇄 | 2019년 5월 10일

지은이 | 엄정희
사진 | 윤남숙

펴낸이 | 엄정희
펴낸곳 | 연합가족상담연구소
편집·기획 | 엄정희   **디자인 |** 황지은

출판등록 | 제2017-000141호
등록번호 | 220-10-21520
주소 | 서울특별시 강남구 테헤란로 322, 1411-1417호(역삼동 한신인터벨리24)
전화 | 02- 559-6005
팩스 | 02- 3459-8005
이메일 | joungheeuhm@hanmail.net

ISBN | 979-11-962972-2-0 03180

「이 도서의 국립중앙도서관 출판예정도서목록(CIP)은 서지정보유통지원시스템 홈페이지
(http://seoji.nl.go.kr)와 국가자료공동목록시스템(http://www.nl.go.kr/kolisnet)에서 이용
하실 수 있습니다.(CIP제어번호: CIP2019013941)」

※ 가격은 뒤표지에 있습니다.
※ 잘못된 책은 구입하신 서점에서 바꾸어 드립니다.

홈 빌더 엄정희 교수가 83명의 제자들과 함께 엮은

우리집
비전선언문

• **엄정희** 글　• **윤남숙** 사진

Ｂ 연합가족상담연구소

비전은 산소와 같습니다

비전은 산소와 같습니다.
생존의 이유이며 삶의 동기입니다.
비전의 존재 유무로 의미가 탄생합니다.
비전은 기업이나 학교에만 필요한 것이 아닙니다.

우리의 가정마다 비전이 만들어지면
가정은 우리 사회를 살리는 산소가 될 것입니다.
성경은 "먼저 집을 잘 다스려야 한다"고
말합니다.
가정 경영이 사회경영의 열쇠가 될 것입니다.

가족이 함께 모여 우리 집 비전문을 만듭시다.
그리고 그 비전문을 선포하십시다.
가정의 새 미래가 보일 것입니다.
그리고 새 항해가 시작될 것입니다.

우리 사회의 내일을 여는 이 운동을 축복합니다.
생존을 넘어 의미를 만드는 가정들의
행복을 응원합니다.

지구촌 교회 원로목사, 천로역정 섬김이
이동원

〈우리집 비전선언문 갖기〉 캠페인의 불씨 되길

이 책은 홈 빌더, 엄정희 교수가 '목적 항구를 향하는 가족 항해는 행복하다'를 실제로 임상에서 느끼며 '이 땅의 모든 가정이 비전 선언문을 가지고 목적 항구를 향하여 항해하는 건강한 가족 항해를 하면 얼마나 좋을가'하는 꿈을 꾸며 출강하는 대학의 학생들과 함께 10여 년간 준비하여 만든 책입니다. 엄정희 교수의 10여 년의 노력과 서울사이버대학교 가족상담학과 재학생들, 백석대학상담대학원 학생들의 희망과 정성이 모인 책입니다.

비전과 같은 목적이 없는 삶은 나침반 없이 운행하는 배와 같습니다. 이러한 비전은 각 개인에게도 중요하겠지만 개인이 모인 하나의 생명체와 같은 가족에게도 매우 중요한 이정표가 됩니다.

상담을 공부하며 접하게 된, 버지니아 사티어(Virginia Satir) 선생님의 〈나의 자존감 선언(My Declaration of Self-Esteem)〉은 저의 인생에서 큰 전환점을 경험시켰으며 현재까지도 제 삶에서 등댓불을 밝히고 있습니다.

선언(宣言)과 같은 공개적으로 알리는 말을 선언문(宣言文)처럼 문서로 만든다는 것은 결심하는 것 이상의 의미가 있습니다. 이는 자신과의 약속을 타인에게도 알리며 타인과 약속을 하는 것이기도 합니다.

또한, 선언문을 볼 때마다 계약서를 볼 때처럼 지키려는 마음이 환기되고, 결국 그 마음이 행동에도 영향을 주게 됩니다. 반복적으로 접하는 말과 글이 개인의 자동적인 생각(automatic thinking)에 영향을 주는 것처럼, 가족의 비전 선언문은 가족 구성원들의 마음과 행동에 깊이 파고 들어 영향을 줄 것입니다.

10여 년 동안의 긴 세월을 태중에 있다가 세상의 빛을 보게 된 〈우리집 비전 선언문〉은 이 책에 참여한 학생들에게 단순한 희망을 넘어 삶의 목표점이 될 것이고, 가족이 위기를 경험할 때 힘을 보충하여 주는 에너지원(源)이 될 것입니다. 독자들에게는 마음에 위로와 격려를 줄 것이며, 바쁜 일상에서 시선을 가족에게로 돌리게 할 것입니다. 이를 통해 독자들에게 마음이 쉴 수 있는 가족을 만드는 데에 도움을 주는 매뉴얼이 될 것이라 확신합니다.

끝으로, 제자들에게 항상 긍정의 에너지를 나누어주시는 엄정희 교수의 〈우리집 비전선언문〉이 이 땅의 모든 가정에 비전선언문 캠페인을 일으키는 불씨가 되기를 소망합니다.

서울사이버대학교 가족상담학과장 김요완 교수

아무리 순항이라도 목표항구 없으면 표류하는 것이지만
아무리 난항이라도 목표항구 있으면 항해입니다

정말 힘든 시대입니다.

사회학자를 비롯하여 모든 사람의 희망은 행복한 사회입니다.

행복한 사회가 되려면

사회의 기본 단위인 가정이 행복해야 합니다.

세계 46개국이 참여한 4차례에 걸친 종단적 연구로(세계가치관 조사) 행복을 이끄는 빅세븐(Big Seven)이었는데 첫 번째 요인이 가족이었답니다.

그러나 안타깝게도 이 땅의 많은 가정이 무너지고 있습니다.

무너져 가는 이 땅의 가정을 세우는데 미력이나마 작은 도움을 주는 홈 빌더(Home Builder)의 꿈을 꾸며 〈우리집 비전선언문〉을 출간하게 되었답니다.

가족 항해에 목표 항구가 없으면
아무리 순항이라도 표류하는 것입니다.
그러나 목표 항구가 있다면 아무리 난항이라도 항해인 것입니다.
목표 항구를 향하여 한 배를 탄 가족은 친밀감도 높아지고 목표
항구에 속히 다다라야 하기에 외도도 줄고 행복한 비전 공동체가 될
수 있습니다.

저는 이 땅의 모든 가족이 비전선언문을 갖는 꿈을 꾸면서 출강하
는 대학 수강생들에게 10여년 동안 우리집 비전선언문을 과제를 내
곤 하였습니다. 그 결실로 우수작을 모아 출간하게 되어 기쁩니다.

연합가족상담연구소, 햇살가득한 창가에서
임정희

차례

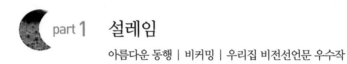

1

설레임

아름다운 동행

세상에 뿌려진 수많은 별 중에
억겁을 돌아서 만난 소중한 인연이
사랑이 전부였던 연인 사이에서
사랑만이 전부가 아닌 부부가 된다.

이제 손을 맞잡고, 같은 곳을 바라보며
해와 나무로, 발과 그림자로
수평선 너머까지 함께 가야 할 길에는
꽃향기 가득 찬 행복의 길도 있겠지만
길목마다 매복된 비바람도, 가시밭길도,
몰아치는 파도도 넘어야 할 길이다.

기쁠 때보다 슬플 때

건강할 때보다 병들었을 때

풍요할 때보다 가난할 때

더 주고 싶은 사랑 품으며 가는 길

봄 햇살 길이 따사로운 동행이다.

눈물같이 아름다운 동행이다.

목필균

비커밍
설레임이 숨쉬는 가정

　미셸 오바마의 자서전 〈비커밍〉은 판권이 730억에 팔렸다고 해서 유명한 책이라기보다는 한 여성의 50여 년의 삶을 통하여 우리네 모든 삶에 편재하는 삶의 희노애락이 가슴 절절하게 담겨있는 우리들의 이야기이다.

　〈비커밍〉은 아이오와의 넉넉지 않은 흑인 가정에서 자란 소녀가 세기의 대통령 영부인이 되어 가슴 절절한 아픔을 겪으면서도 높은 이상을 위하여 투쟁하며 기도하는 한 여성의 내면의 삶으로 우리를 초대하고 있다.

　50여 년의 작가의 삶이 3부작으로 편집되어 있다.
　Becoming Me(내가 되다)

어린 시절부터 대학시절까지 내가 되기 위하여 발버둥 치던 삶

Becoming Us(우리가 되다)

평생의 반려, 사랑하는 사람 버럭을 만나 '우리'를 향한 삶

Becoming More(그 이상이 되다)

백악관에 입성하여 대의를 위한 삶

미셸이라는 사우스 사이드 작은 마을에서 성실히 일하는 노동계층 흑인가정에서 자라난 착하고 총명한 어린 소녀가 시카고 최고의 공립고등학교에, 아이비리그 프린스턴 대학에, 드디어 하버드 법대에 입학, 최고 명성의 법무법인의 변호사가 되고 드디어 마음 속 이상을 향하여 인권변호사로 일하다 하버드 대학 편집장 일을 맡고 있는 하버드 로스쿨의 인턴 변호사, 버럭을 멘토와 인턴사이로 만나게 된다.

부부사랑의 모델, 미셸

버럭을 낳고 케냐로 떠나버린 아버지, 버럭을 할머니에게 맡기고 미국으로 가버린 어머니 밑에서 자란 버럭은 자신의 삶의 역사가 그랬듯이 사랑하더라도 반드시 결혼은 할 필요가 없다는 개념을 갖고 있는 존재이었다. 그러나 미셸은 내게는 불확실성 자체가 위협으로

느껴졌다라고 토로하며 내가 원하는 것은 완전함을 느끼는 것뿐이라 생각되는 날이 더러 있다라고 말하는 완벽주의자 미셸은 모든 측면에 대비하려 애쓰는 자, 사랑하는 사람을 독점하고 싶은 갈망이 있었고, 사랑하는 것을 모조리 움켜 쥐고 철저히 내 것으로 못박고 싶었던 미셸이었다. 미셸은 버럭을 깊이 사랑했지만 도무지 풀 수 없는 매듭으로 힘들었다. 그렇게도 180도 다른 존재 그러나 뼈아프게 사랑하는 버럭과의 그 고귀한 사랑을 피눈물 나는 노력으로 이루어 내었다.

결혼 45년차 되는 필자는 "행복한 부부가 되는 비결"을 인터뷰 할 때 늘 하는 말이 있습니다. 결혼이란 결혼 전 여성들이 생각하듯이 내 이상형 나와라 뚝딱하면 요술방망이처럼 어느 날 내 이상형이 백마 타고 짜잔~ 나타나는 것이 아니고 행복한 결혼의 첫 번째 비결은 노력이다. 두번째 비결은 노력이다. 마지막 세 번째 비결은 역시 노력이다라고 일러준다.

미셸이 어려서 피아노를 배울 때부터 터득한 인생 교훈은 피아노 스킬은 연습량에 정확히 비례하더라는 것이었다. 미셸은 지금 만난 사랑을 최고의 사랑으로 만들기 위해 상담사까지 만나며 Happinees is not given to you, You have to look for it을 마음에 품으며 엄청 노력하였다.

드디어 미셸은 고백한다. 버럭은 꿈에서나 바랄 수 있을 만큼 훌륭한 인생 파트너이라고 말이다. 변호사 생활에 안주하기 싫어 고민할 때, 한번 해보라고 말해주는 사람, 걱정을 지우고 행복할 것 같은 방향으로 가라고 말해주는 사람은 버럭뿐이었다.

또한 미셸은 남편의 비전을 함께 공유하는 아내이었다. 미국이 분열을 극복하고 화합할 수 있다는 메시지를 전하고 싶어 하는 남편의 지지자이었다.

버럭, 그가 딛고 선 땅은 한시도 쉬지 않고 흔들렸으나 아무리 두들겨 맞아도 반짝반짝 빛나는 냄비, 그것이 버럭이었다고 회고하며 지지하였다.

대통령의 길, 힘들고 외로운 것이었지만 — 미셸의 눈에는 세상에서 가장 힘들고 외로운 것이었지만 — 터무니없는 반대에 부딪혀도 모두에게 문을 열어 두는 것이 자신의 의무라 여겼던 버럭을 지지하였다.

미셸은 버럭이 선출된 이유가 최대한 폭넓고 최고로 근접한 시각으로 바라보게 하기 위해서라고 믿으며 버럭이 그렇게 될수 있도록 도우며 지지하였다.

뜨거운 가족애의 화신, 미셸

엄마가 되고 싶어 그렇게도 노력하여 시험관 임신으로 선물로 받은 두 딸, 삼엄한 경호 속에서도 어떻게 최대한 자유롭게, 모든 일을 경호원들이 해주게 되는 체재 속에서도 침대 정리 등 자신의 일들을 자신이 하게끔 책임과 규율을 최대한 세우는 엄마의 모습, 딸들에 대한 한 치도 틀림없는 교육을 하고 싶은 미셸, 큰 딸의 마지막 졸업 파티 데이트 때도 경호원이 따라가야 하는 상황이지만 최대한 자유롭게 해주기 위해 애쓰는 엄마, 변장하고 딸의 수영래슨, 테니스 래슨을 참관하는 영부인 엄마의 모습,

딸의 10세 생일을 행사 뒤 끝에 부록처럼 치르고 울먹이는 엄마, 미셸, 나는 버럭이 가족과 함께 하길 원했지만 나머지 사람들은 버럭이 나라와 함께 하길 원했다고 쓰고 있는 미셸,

버럭이 이제 더 많은 자유와 시간을 가질 날이 멀지 않았는데 딸들은 우리를 떠나기 시작했다고 소회하며 가정의 행복을 나라에 헌납하여야 했던 미셸의 가정이었지만 지혜로운 아내, 지혜로운 엄마, 미셸이 있었기에 미셸의 가정은 세상에서 가장 소중한 가족의 가치를 붙잡을 수 있었다.

사랑하는 아빠를 일찍 여의고 가슴 절절이 아파하는 딸의 모습, 56세로 죽어가는 아빠와의 병실에서의 마지막 이별의 장면은 세상에서 가장 소중한 것이 무엇인가를 깨우쳐 준다.

'아버지는 회복하지 못할 것이다. 내 남은 인생을 지켜볼 기회를 몽땅 놓칠 것이다. 뺨으로 속수무책 눈물이 흘렀다.

아버지는 내 얼굴에 고정한 눈길을 떼지 않은 채, 내 손을 자신의 입술로 가져가서 손등에 입 맞추고 입 맞추고 또 입 맞추었다.
아버지는 그 입맞춤으로 내게 온 마음을 다해 사랑한다고 말하고 있었다. 내가 이렇게 어엿한 여성으로 자란 것이 자랑스럽다고 말하고 있었다. 진작 의사를 찾아갔어야 했다는 걸 잘 안다고 말하고 있었다. 용서해 달라고 말하고 있었다. 작별인사를 하고 있었다'

딸로서, 아내로서, 어머니로서의 미셸의 모습을 보면서 가족의 소중함을 깨닫게 된다.

미셸의 꿈

사회의 그늘에 있는 자들에게 마땅히 와야 할 세상이 와야 하고, 내 나라이지만 이방인처럼 느껴지는 사람들의 아픔을 품고 싶었던 미셸이었다.

변화의 씨앗을 심으리라 결단하며, 대의를 위하여 27년 감옥에서 투쟁했던 만델라의 삶을 보며 미셸은 우리는 변화의 씨앗을 심는 것이고 그 열매는 보지 못할 수도 있지만 우리는 참을성을 가져야 한다라고 역설한다.

마지막으로 미셸이 하고 싶은 말은 우리 모두 서로를 초대하여 받아들이자는 것. 그러면 아마 우리는 덜 두려워할 수 있을 테고 쓸데없이 우리를 갈라놓는 편견과 고정 관념을 버릴 수 있을 것이라는 것이다. 사람들의 온기를 느낄 때 삶은 훨씬 나아진다고 믿는 미셸은 사랑을 추상적이론으로서가 아니라 삶의 실제적 도구로 실천하고 있었다.

옳다고 믿는 그 외로운 길을 가는 미셸은 드디어 불만에 찬 흑인 여성에서 원대한 이상으로 고귀하게 빛나는 백악관의 흑진주가 되어 있었다.

책을 덮은 이 순간에도 그 아름다운 가치들이 내 마음의 창에 꽃등 되어 주렁주렁 열려 있는 것 같다.

변혁은 한 사람으로부터 이루어진다는 것을 실감한다.
내가 가진 시선 이상으로는 내 삶을 살아낼 수 없음을 안다.
그러기에 내 자신에게 묻는다.
나는 무엇을 바라보고 있는가?
나는 무엇 때문에 우는가?

키에르코르는 말한다.
모든 이가 시간이라는 기차를 타고 불안이라는 터널을 지나 죽음이라는 종착역을 향해 달리고 있음은 동일하다. 그것이 실존이다.

고독과 모순에 피투된 존재인 우리네 삶에서 사람들을 향한 inter personal 소외보다 자신 안에서 자신을 소외시키는 intra personal 소외가 더욱 무섭다. 아무쪼록 내 자신이 되어 독립적 자아로 서고 싶다.

독립적 자아가 되어 눈에 안 보이는 것을 볼 수 있는 능력을 가진 그 사람은 그때부터 천형을 받는 폭이다. 평범함에 익숙하지 않는 존재가 되어가기 때문이다.

〈노인과 바다와〉 마지막에 큰 물고기의 가시만 남은 투쟁이었지만 그 노인은 결코 패배자가 아니다. 용기있는 자이다. 평범함에 함몰되고 싶지 않다. 평범함에 익숙해 지고 싶지 않다.

그때부터 천형을 사는 삶이라 할지라도 내 삶에서 자유롭고 독립적이며 주체적인 내가 되고 싶다. 고독한 내가 되고 싶다.

하여 미셸처럼 보이지 않는 저 너머를 볼 수 있는 안목을 갖고 싶다(look beyond the obvious).

하여 미셸처럼 積水成淵, 蛟龍生焉(적수성연, 교룡생언) 되고 싶다. 물이 고여 못이 되면 교룡이 생겨나게 된다는 믿음을 가지고 이상을 항하여 외롭고 힘든 그 길을 걷고 싶다.

학생들의
우리집
비전선언문
우수작

감자의 꿈

감 감사하며 살겠습니다.
제 마음이 울퉁 불퉁해도
제 인생이 울퉁 불퉁해도
우야든지 범사에 감사하라는 명령에 순전히 따르겠습니다.

자 자숙하며 살겠습니다.
하나님 말씀을 거울삼아 날마다 묵상하겠습니다.
나의 입술을 조심하겠습니다.
나의 행동을 교만히 하지 않겠습니다.

의 의지를 드려 사랑하며 살겠습니다.
저를 만드시고, 구원하신 하나님을 사랑하겠습니다.
나를 택하여 준 남편을 사랑하겠습니다.
나를 키워준 부모님을 사랑하겠습니다.
나의 자녀로 만난 하영이, 하진이를 사랑하겠습니다.

상처로 생채기가 났지만
나 자신을 주님이 사랑하신 것처럼 사랑하렵니다.

꿈 꿈을 이루어가겠습니다.
저를 만드신 목적을 이뤄 드리고 싶습니다.
부모님 구원, 북한과의 통일 바라기가 되겠습니다.
통일이 되기 전에는 탈북 성도들을 섬기면서 상담가로
준비되고 통일이 되면 저들의 마음을 나누는 자 되겠습니다.

양영남 학우

늘 푸른 소나무 같이

늘 푸른 잎이 되자.
변함없이 열정과 도전하는 사명감을 갖는 학습자 되자.

솔방울이 되자.
솔방울의 어머니 본능처럼 우리 아이들을 사랑하자.

송진이 되자.
활털에 아름다운 음색을 내도록
도움을 주듯 봉사하는 두 손이 되자.

솔잎이 되자.
늙지 않고 몸이 가벼워지는 약리작용처럼
소명의식을 갖고 약이 되는 말을 전달하는 교수자가 되자.

피톤치드가 되자.
향기치료처럼 정신적으로 지친 이들에게
희망을 주는 두 발이 되자.

방부제 역할을 하자.
음식의 유통 기간을 연장하듯 믿음이 굳건한 사람이 되자.

전혜진 학우

LESS:MORE

LESS	MORE
덜 불평하고	더 칭찬하기
덜 바라고	더 사랑하기
덜 싸우고	더 배려하기
덜 고집 부리고	더 배려하기
덜 짜증내고	더 이해하기
덜 침묵하고	더 표현하기
덜 슬퍼하고	더 씩씩하기
덜 고민하고	더 꿈꾸기
덜 욕심 부리고	더 나누기
덜 좌절하고	더 시도하기
덜 방관하고	더 참여하기
덜 자만하고	더 겸손하기

박보름 학우

쾌지나 칭칭 나네!!

매일을 유쾌하고 흥겹게 그리고 즐겁게 생활 합니다.
· 하루 한 번 큰 소리로 유쾌하게 웃기.
· 어렵고 힘들 땐, 긍정적인 생각하기.
· 가족 간 다툼이 있을 땐, 나를 먼저 되돌아 보기.

지금 – 여기 이 순간에 최선을 다 합니다.
· 현재 하고 있는 일, 만나는 사람을 가장 소중하게 생각하기.
· 현재에 최선을 다하며 노력하기.
· 과거나 미래 보다 현재에 최선을 하는 것이 가장 현명한 것.

나는 사랑 받을 소중한 사람임을 잊지 않습니다.
· 잠들기 전 나의 좋은 점, 장점을 생각해 보고 자신감 갖기.
· 나는 세상에서 가장 소중한 사람임을 스스로 깨닫기.
· 나에게 칭찬과 사랑의 말을 자주 해주기.

하루 한 번 꼭 가족에게 칭찬을 합니다.
· "칭찬은 고래도 춤추게 한다." 잊지 않기.
· 칭찬으로 가족에게 행복과 웃음 주기.
· 습관되면 하루 세 번씩 칭찬 하기 – 하면 할 수록 좋은 것.

칭찬과 감사로 사랑의 마음을 표현 합니다.
· 눈 마주치고 "고맙습니다.", "감사합니다."
· 손 잡으며 "행복 합니다." 안아주며 "사랑합니다."

나는 언제나 남을 도울 준비가 되어 있습니다.
· 어렵고 힘든 사람을 돕는 것은 행복 만들기.
· 어떤 상황에서도 남을 도울 수 있는 마음을 갖고, 몸으로 실천하기.
· 일 년에 세 번, 가족 모두 함께하는 가족 봉사활동 하기.

네 맘이 모여 신나게 사물놀이 한 바탕 "얼~~쑤!!"
· 우리 가족은 한 맘 한 뜻으로 잘 맞는 사물놀이처럼 함께 합니다.
· 각자의 역할에 충실하며 최선을 다하여 노력합니다.
· "희로애락" 모두 즐길 줄 알고, 신나게 목표를 향해 갑니다.^^

곽영란 학우

강아지 가족

강 강하고 담대한 승리의 가족
여호수아에게 강하고 담대하라고 말씀하시며 동행하시겠다.
하신 약속이 곧 우리 가족에게 하신 말씀임을 믿고
모든 일에 있어서 절망하지 않고 실망하지 않고
끝까지 될 때까지 최선을 다하며 살아가자.

아 아름다운 가족
세상에서 가장 아름다운 '사랑'을 실천하며
나누며 누리어 사랑하고 사랑받는 가족, 나를 사랑하고,
가족을 사랑하고, 이웃을 사랑하며 예수님의 사랑과
섬김을 나타내어 빛의 사명을 잘 감당하는 가족.

지 지혜로운 가족
여호와를 경외하는 것이 지식의 근원인임을 믿고
말씀과 기도로 예배가 끊이지 않는 가족.

나는 낙화만큼 희고 깨끗한 발로
하루를 건너고 싶다.
떨어져서도 향기로운 꽃잎의 말로
내 아는 사람에게
상추잎같은 편지를 보내고 싶다.

이기철의 〈내가 만난 사람은 모두 아름다웠다〉에서

기쁨을 주는 가정 Joyful Home

J - Jesus   가장 우선으로 예수님만을 존귀케 하는 가정.

O - Others   나보다는 남을 배려하며 섬기는 가정.

Y - You   나는 천하보다 귀한 하나님의 자녀임을 알고 행복을 누리는 가정.

F - Faith   하나님을 향한 믿음으로 세상의 모든 문제를 해결해 가는 가정.

U - Union   나 자신 보다는 가족의 연합을 우선시 하며 서로를 섬기는 가정.

L - Love   사랑으로 하나 된 가정.

강미선 학우

무지개 가족!

빨 빨갛게 정열적으로 살아가기

주 주저하지말고 베풀며 살아가기

노 노래하듯이 즐겁게 살아가기

초 초록빛 동심의 마음으로 살아가기

파 파란하늘처럼 넓은 마음으로 살아가기

남 남을 탓하지 않고 살아가기

보 보람있는 하루하루 살아가기

박미경 학우

삶은 목적보다는 과정이 중요하다

첫째, 배우자를 칭찬하기
칭찬해 주면 자성예언 현상이 일어난다.
칭찬해주면 칭찬받는 대로 되고 싶어
그 모습으로 닮아 가려 노력하기에…

둘째, 외로움을 느끼지 않도록 스킨십을 많이 하기
스킨십은 몸으로 전달되는 언어로 애정을 느끼게 해준다.
아동심리학자들은 아이들이 사랑을 듬뿍 받아야 지적 통찰력이
좋아지고 정서가 안정되고 대인관계도 좋아진다고 주장한다.
부부관계도 마찬가지다.
사람은 터치하면서 애정을 느낀다.

셋째, 평생 아끼지 말아야 할 3음절
'고마워, 미안해, 사랑해'를 자주 사용하기
아무리 낭비해도 좋은 3음절을 자꾸 표현할 때,

가정불화란 파도가 접근하지 못한다.

넷째, 이벤트를 선물하기
월급날 감사 카드를 써서 작은 선물하기. 우리집 신문 만들기.
부부 사진첩 만들기 등 이벤트를 하는 것이다.
이벤트는 감동을 낳는다.

다섯째, 가슴으로 감사하기
형식적인 고마움보다는 따듯한 가슴으로 안아주는 것.

여섯째, 항상 귀를 열고 들어주기
배우자의 상담사가 되기도 하고 그저 따뜻한 맘으로 들어주기

일곱째, 발로 배웅하기
배우자가 출입시 배웅해주는 건 그만큼 힘을 실어주는 것이며
함께하고 있다는걸 어필하는것이다.

우리집 비전으로 서로가 (부부) 행복해지면 그 진정한 사랑은
우리 자녀에게도 전해진다.

무지막지

무 무조건 감사하기

지 지혜롭게 행동하기

막 막 사랑하기

지 지금 하자 미루지 말고!!

우리는 너무 큰 것에만 감동해 왔습니다.

그러나 작은 것들이 모여야 큰 기적이 일어난다고 생각합니다.

세상에서 가장 귀한 금이 '지금'이라고 하듯이 지금이야말로 우리가 서로 사랑하며 서로를 불쌍히 여기며 살 때입니다.

저부터 먼저 이 비전들을 실천해 보고자 합니다.

신서연 학우

노후에도 손잡고 웃는 얼굴로 걷는 우리

건강한 삶을 위해서 건강관리

좋은 식습관 및 한 달에 한번 이상 등산하기

출근할 때 꼭 웃는 얼굴로 인사하기

어떤 상황에서도 서로의 편이 되어 주기

가훈처럼 항상 적극적이고 성실하기

오수경 학우

2

반짝임

타이페이의 봄

봄하늘 가득한
타이페이 봄길을
당신과 함께 걷습니다.

당신이 보스톤에서 사준
잿빛 운동화 신고서

가지마다 잎새마다
사랑의 꽃 편지 걸어 놓고
타이페이의 바람 가슴에 담으며
당신과 함께 걷습니다.

초록빛 별, 푸른빛 별 되어
가슴 속 반짝이는
그대 사랑 품고서

20140417, 타이페이에서

우리의 가정은 어디를 바라보고 있는가?
가정의 시선이 그 가정의 반짝임을 결정한다

우리의 가정은 어디를 바라보고 있는가? 혼자 살다가 혼자 죽어가는 외롭고도 외로운 절대 고독의 시대이다. 수도계량기가 그 사람의 생사를 알려주는 유일한 측정도구라는 무연의 시대이다. 또한 분노의 시대이다.

10대는 쓸데없는 교육 위하여 새벽까지 학원으로 몰아세우는 부모가 못마땅하여 분노한다. 이유 없이 왕따 당하는 교실이 싫어 분노한다. 20대는 열심히 공부했는데 취업이 안되어 분노한다. 30대는 그저 목숨을 위하여 그저 일하는 꿈이 없는 직장생활에 분노한다. 40대는 자녀교육, 부모 봉양에 무거운 짐에 눌려 분노한다. 50대는 자녀들이 내 뜻대로 안된다고 분노한다. 60대는 명퇴당하여 왼종일 지하철타고 시발점에서 종점까지 갔다왔다하는 출근하는 척하는 삶에 분노한다. 70대는 쓰러져 가는 건강에 한숨지으며 분노한다. 80대는 떠나가는 배우자에 대한 쓸쓸한 분노가 있다. 90대는 온종일 기다려도 전화 한통 못 받는 절대 고독에 대한 분노가 있다. 실로 이 시대는 분노의 시대인 것 같다.

전대미문의 힘든 시대에서 우리 가정은 어디를 바라보아야 할까? 듣고 싶은 것만 듣고 있는 우리는 아닌가? 먹고 싶은 것만 먹으면 병들고 죽게 된다. 사물의 양면을 놓치지 않고 모두 볼 수 있는 통합적 안목을 가져야 한다. 우리는 과연 사물의 전체를 바라보고 있는가? 비합리적 신념에 묶여있으면 사물을 왜곡된 시선으로 바라보게 된다. 분명 사람의 손인데 가운데 사각형 부분만 보게 되니 그것은 여성의 둔부로 보였던 경험이 있다.

그렇다. 왜곡된 시선은 우리를 병들게 한다. 우리의 눈을 가리고 우리의 귀를 막는다. 눈은 있어도 눈뜬 소경으로 만들어 길이 아닌 곳으로 우리를 인도한다. 눈먼 욕망의 늪으로 인도한다. 숫자에 현혹되는 삶으로 이끌어 간다. 우리는 어디를 바라보고 있는가? 이 어둠의 시대에 빛이 아닌 것을 찾는 우리를 본다.

하늘 신앙 반짝이는 가정

사람의 시선을 두려워 않는 우리가 되고 싶다. 모든 사람이 우리에게 박수를 보내도 딱 한 분 그가 나를 모르신다 하면 우리는 아무것도 아니다. 그분만을 바라보고 나가는 우리 가정이고 싶다.

사람의 마음속에 그분만이 채워줄 수 있는 공간이 있음을 안다. 그렇다. 그분이 없다면 모든 것을 다 가져도 허허롭다. 이 어둠의 시대에 참 빛이신 그를 따라가고 싶다

신념이 반짝이는 가정

벌거벗은 모습으로 우리 자신 앞에 서고 싶다. 삶은 광야이다. 삶은 수도사의 길이다. 매순간 우리를 쳐서 우리 자신 앞에 부끄럽지 않은 우리가 되고 싶다. 스스로가 인정해주지 않는 삶은 공허하다. 성 시스티나 사원 벽화를 4년 6개월 동안 그리다가 드디어 병들은 미켈란제로는 오늘도 사다리를 놓고 천정에 올라가 마지막 구석을 칠하고 있었다.

친구들이 말한다. "미켈란제로야, 그 구석 누가 본다고 그토록 아픈 몸을 이끌고 구석까지 그리느냐?"고 할 때 미켈란제로는 말했다. "누가 보긴 누가 보나, 내가 보지." 내 자신 한테 부끄러울 때 가장

아프다. 자신에게 부끄럽지 않는 신념의 가정이 될 수 있다면…

이웃사랑 반짝이는 가정

아침부터 해질 때까지 상담실에서 수많은 아픈 사람을 만난다. 죽을 만큼 아픈 삶, 죽을 만큼 외로운 삶을 만난다. 또한 이즈음 복합문화공간, 북쌔즈를 오픈하여 만 권의 도서가 입고되어 그 중 문학 부문에 800종의 도서를 대강 둘러 보게 되었다. 소설이든 에세이든 시이든 그 안에 뿌리 깊은 주제는 고독이라는 것임을 새삼 알게 되었다.

이러한 외로운 이웃에게 한줄기 희망충전소가 될 수 있는 우리네 가정이 될 수 있다면 하고 소망해 본다. 나무 위에서 떨어지는 새 한 마리 다시 나무 위에 올려 줄 수 있다면 우리네 삶은 헛되지 않으리 에밀리 디킨슨의 싯귀가 가슴에 절절하다. 우리 가정은 어디를 바라보고 있는가? 아픈 이웃을 바라보는 가정이 될 수 있다면……

학생들의
우리집
비전선언문
우수작

당신 몸을 녹여줄 장작같은 남편 되겠습니다
등대도 못되어도 반딧불같은 아내 되겠습니다

이런 남편이 되겠습니다.

눈부신 벚꽃 흩날리는 노곤한 봄날 저녁이 어스름 몰려 올 때 쯤 퇴근길에 안개꽃 한 무더기와 수줍게 핀 장미 한 송이를 준비하겠습니다.

날 기다려주는 우리들의 집이 웃음이 묻어나는 그런 집으로 만들겠습니다.

때로는 소녀처럼 수줍게 입 가리고 웃는 당신의 호호 웃음으로, 때로는 능청스레 바보처럼 웃는 나의 허허 웃음으로, 때로는 세상 그 누구도 흉내낼 수 없는 우리 사랑의 결실이 웃는 까르륵 웃음으로, 피곤함에 지쳐서 당신이 걷지 못한 빨래가 그대 향한 그리움처럼 펄럭대는 오후 곤히 잠든 당신의 방문을 살며시 닫고, 당신의 속옷과 양말을 정돈해 두도록 하겠습니다.

때론 구멍 난 당신의 양말을 보며 가슴 뻥 뚫린 듯한 당신의 사랑에 부끄러운 눈물도 한 방울 흘리겠습니다. 능력과 재력으로 당신에게 군림하는 남자가 아니라 당신의 가장 든든한 쉼터 한그루 나무가 되겠습니다.

여름이면 시원한 그늘을, 가을이면 과일을, 겨울이면 당신의 몸을 녹여줄 장작같은 남편이 되겠습니다. 다시 돌아오는 봄, 나는 당신에게 기꺼이 나의 그루터기를 내어 주겠습니다.

날이 하얗게 새도록 당신을 내 품에 묻고, 하나둘 돋아난 당신의 흰 머리카락을 쓰다듬으며 당신의 머리를 내 팔에 누이고 꼬옥 안아주고 싶습니다.

이런 아내가 되겠습니다.

눈이 오는 한겨울에 야근을 하고 돌아오는 당신의 퇴근 무렵에 따뜻한 붕어빵 한 봉지 사들고 당신이 내리는 지하철역에서 서 있겠습니다. 당신이 돌아와 육체와 영혼이 쉴 수 있도록 향내 나는 그런 집으로 만들겠습니다.

때로는 구수한 된장찌개 냄새로, 때로는 만개한 소국의 향기로, 때로는 진한 향수의 향기로 당신이 늦게까지 불 켜놓고 당신의 방에서 책을 볼 때 나는 살며시 사랑을 담아 레몬 넣은 홍차를 준비하겠습니다.

당신의 가장 가까운 벗으로서 있어도 없는 듯 없으면 서운한 맘

편히 이야기를 털어 놓을 수 있는 그런 아내가 되겠습니다.

늘 사랑해서 미칠 것 같은 아내가 아니라 아주 필요한 사람으로 없어서는 안 되는 그런 공기 같은 아내가 되겠습니다.

그래서 행여 내가 세상에 당신을 남겨두고 멀리 떠나는 일이 있어도 가슴 한 구석에 많이 자리 잡을 수 있는 그런 현명한 아내가 되겠습니다. 지혜와 슬기로 당신의 앞길에 아주 밝은 한줄기의 등대같은, 불빛은 되지 못한다 하더라도 등불처럼 아니면 반딧불처럼 당신의 가는 길에 빛을 드리울 수 있는 그런 아내가 되겠습니다.

그래서 당신과 내가 흰서리 내린 인생의 마지막 길에서 '당신은 내게 정말 필요한 사람이었소. 당신을 만나 작지만 행복 했었소.'라는 말을 듣는 그런 아내가 되겠습니다.

손병규 학우

등대, 가족 서로가 서로에게 등대처럼

등대는 늘 그 자리에서 여정을 떠난 배를 기다립니다.
여정을 마치고 돌아오는 배는 언제라도
자신을 맞아줄 등대가 그 자리에 있기에
힘들고 고된 항해에도 반드시 만선으로
기대와 설레임으로 돌아옵니다.

기다림 서로가 성장(자기실현)할 수 있도록 응원하며 기다립니다.

믿음 기다려 줄 수 있는 힘은 믿음입니다.
나에 대한 믿음과 가족 구성원 서로에 대한 믿음입니다.

자유 자신의 의지로 선택하고 자유롭게 세상을 탐험합니다.

인간은 자기실현을 위해 하나의 생명을 가지고
이 세상에 온다고 합니다.

우리 가족은 서로를 존중합니다.
인정합니다.
수용합니다.

우리 가족은 나와 다른 사람의 높은 수준의
행복을 창조하는 삶을 살아갑니다.

우리 가족은 늘 감사한 마음으로
서로를 사랑합니다.

신정효 학우

비전 13

순간의 사랑

봄, 여름, 가을, 겨울
봄이 지나면 당연히 여름이 오지만
당신은 당연히 내 곁에 영원히 있지 않는다.
매일 지금 이 순간을 서로 사랑하라!

아침에는 고영양가인 주님을 향하여
"○○○사랑해요"

점심에는 은혜의 영양식 칭찬의 문자, 격려하는 말을 해준다.

저녁에는 감사의 영양식 "○○○ 수고했어요"라고 하자.

윤성희 학우

결혼이란
고통스러운게 아홉가지라면 한가지가 좋다.
그런데 그 한 가지가 나머지 아홉가지를 상쇄하기도 남기에
결혼이 좋다고 말한다.
혼자 있을 수 있는 사람이 함께 있을 수 있다.
중요한 것은 내가 진정으로 단독자로 설수 있느냐는 문제이다

조정민 목사

안전운전

안, 안녕하다. 감사의 자세로 살자.

오늘 하루도 아무 탈 없이 가족이 함께 할 수 있음에 감사하며 하루를 시작하겠습니다. 여보! 좋은 아침이에요. 웃으며 시작하겠습니다.

전, 전부를 가지려 하기 보다 현재에 만족하자.

많은 것을 가지려하기 보다는 Here and Now를 생각하며 가진 것을 소중히 하고 활용할 줄 아는 삶, 현재의 내 자리에서 최선을 다하는 삶을 살겠습니다.

서로를 응원하고, 힘들고 지칠 때는 격려하며 마음 통장을 살찌우는 가정을 이루겠습니다.

운, 운동하자! 꿈꾸자!

운동이나 공부, 좋아하는 것, 하고 싶은 것을 도전하고 배움을 지속하는 가정이 되겠습니다. 서로의 배움과 취미 생활을 존중해주고, 응원과 지지를 아끼지 않겠습니다. 취미생활을 통해 사회생활로 지친 마음, 스트레스를 날려버리고, 긍정에너지와 웃음을 가지고 가정으로 와 함께 하겠습니다.

전, 전체(all)를 생각하는 삶을 살자.

가정을 이룰 수 있게 우리를 낳아주신 부모님께 감사하며, 양가 부모님을 공경하고 지혜를 본받고 원가족과 조화를 이루며 함께 하는 삶을 살겠습니다.

우리가 사랑, 도움, 은혜, 베품을 받은 만큼 도움을 필요로 하는 사람들에게 긍정의 에너지와 사랑을 베풀고, 겸손한 자세로 낮은 자리에서 섬기는 사람이 되고 싶습니다. 나가 아닌 우리의 자세로, 이타적이며 봉사하는 삶을 살겠습니다.

마지막으로, 오늘도 안.전.운.전! 천천히!

나 자신의 안전과 가정의 화목을 위해서 조심해서 운전하고, 건강한 생활습관과 안전습관을 가질 것입니다.

또한 속도보다는 방향!! 인생길이 늦더라도, 남과 비교하지 않고 서로 응원하며 같은 방향을 향해 손잡고 걸어가는 가정이 될 것입니다. 오늘도, 내일도 안전운전! slowly! 스마일 ^^

최윤서 학우

一週三省

一 반성
일주일 동안 있었던 일 중 반성하는 것 3가지 쓰기

一 감사
일주일 동안 있었던 일 중 감사한 것 3가지 쓰기

一 정성
일주일 동안 정성을 다 한 것 3가지 쓰기

주말 가족 모임에서 가족 모두 주간 실천과제 발표
자신을 사랑할 수 없는 사람은 타인을 사랑할 수 없다.

김은경 학우

성공에 의해서는 대개 그 지위가 커지고
실패에 의해서는 자주 그 사람이 커진다.

신영복

다섯가지 언어

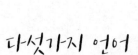

믿음(굳건한)
우리가족은 어떤 상황에도 믿음으로서
서로를 지지하여 주는 가족입니다.

이해(내탓이오)
우리가족은 사소한 의견차이가 있더라도 서로 이해하려고 노력하
고 남보다 자신의 잘못을 먼저 들여다보는 가족입니다.

대화(언제나 즐거운)
우리가족은 하루가 끝난 뒤 자신의 하루 생활을 이야기하며 소소
한 즐거움을 나누고, 서로간의 오해가 생기지 않도록 대화를 자주
나누는 가족입니다.

공유(비밀이 없어요)

우리가족은 대화로 친밀한 감정을 느끼는 가족입니다. 서로간에 공유하는 것을 꺼려하지 않고 고민을 털어놓는 편안한 가족입니다.

목표(비전)

우리가족은 각자의 목표를 세워 각자의 인생에서 더욱 열심히 살아갈 수 있도록 서로 밀어주고 끌어주며 비전을 지지하여 주는 가족입니다.

우지영 학우

3

찬란함

해마다 봄이 되면

해마다 봄이 되면
어린시절 그분의 말씀
항상 봄처럼 부지런해라.
땅 속에서 땅 위에서 공중에서
생명을 만드는 쉬임없는 작업
지금 내가 어린 벗에게 다시 하는 말이
항상 봄처럼 부지런 해라.

해마다 봄이 되면
어린시절 어머님 말씀
항상 봄처럼 꿈을 지녀라.
보이는 곳에서 보이지 않는 곳에서
생명을 생명답게 키우는 꿈

지금 내가 어린 벗에게 다시 하는 말이
항상 봄처럼 꿈을 지녀라.

오, 해마다 봄이 되면
어린 시절 어머님 말씀
항상 봄처럼 새로워라.
나무가지에서 물 위에서 뚝에서
솟는 대지의 눈
지금 어린 벗에 다시 하는 말이
항상 봄처럼 새로워라.

조병화

용서, 그 찬란함이 숨쉬는 가정

용서란 구둣발로 제비꽃을 짓밟을 때 제비꽃의 잎사귀와 향내를 신발 밑창에 남겨주는 일이라 강의 하곤 하였다.

19세 때 일이다. 그 학교에 입학시켜 주시면 교회학교 반사를 하겠노라는 하나님과의 약속 때문에 교회학교 교사를 시작하였다. 같은 교사로 사역하는 언니 반사는 사찰집사님의 딸로서 좋은 학교 다니고 부잣집 딸에 수석장로의 딸인 나를 시샘하여 교사회의 하는데서 왕따를 놓곤 하였다. 처음 당하는 일이라 어린 나는 힘들었지만 하나님 앞에 꾸준히 기도했을 때 그 언니가 뉘우치게 되고 오히려 따뜻하게 대해 주었다는 이야기를 하며 내 힘으로는 용서 못해도 성령의 힘으론 가능하다고 역설해 오곤 하였다.

그 후에도 인품이 받쳐주는 사람에게는 타인과의 갈등도 없어서

용서할 일이 많이 생기지 않을 것이라는 허상을 꾸며 잘난 척 하곤
하였다.

그러나 우리네 삶은 늘 공정하지만은 않은 것 같다. 최근 나의 삶
에 크나큰 용서가 필요한 상황이 벌어지게 되었다. 용서를 해야 하
는지 공의를 실현해야 하는지 번민하게 되었다.

우선 용서에 대한 오해를 살펴본다. 혹자는 용서는 망각이다라고
말하지만 잊는 것은 용서가 아니다. 잊으라는 억압은 살아있는 놈을

생매장 하는 것과 동일하다. 거짓용서(pseudo forgiveness)일 뿐이다. 상황에 대한 분노는 허용되지만 사람을 미워하는 증오는 자신을 감옥에 갇히게 하여 서서히 죽어가게 하는 silent killer이다.

용서는 빨리 해야 한다고 하는 말이 있지만 당장 용서하는 것보다 내 자신을 치료하는 것이 먼저이다. 용서란 첫 번째 단계가 아니라 마지막 단계이다(the forgiveness is not the 1st stage but the last stage). 비행기에서 사건이 일어날 때에 더 많은 사람을 구하기 위하여 내가 먼저 산소마스크를 써야한다. 내가 살아야 내 가족을 살릴 수 있다

용서는 단번에 이루어진다는 것은 오해이다. 그가 회개할 때까지 나는 용서할 수 없다. 용서하고 나면 그 사람과 화해를 해야 한다 등은 편만한 오해이다.

용서가 지나가는 단계로 첫번째 상처인식 단계, 두번째로 분노의 단계 세번째로 치유의 단계이다. 마지막으로 연합의 단계이다. 폴 틸리히의 말했다. 용서란 단절의 힘을 결합하는 연합이다. 당사자 두 사람이 새로워진, 친밀한, 가까운 서로를 수용하는 관계 속에서 다시 연합해야만 용서가 발생하는 것이다라고 역설하고 있다.

나는 통 큰 여자라 용서할 것이라 자부하고 있었으며 사람은 자기가 아팠던 딱 고만큼만 남을 품을 수 있다고 역설하며 내 삶에 20

년간 불어 닥친 폭풍우 때문에, 어떤 상황이라도 용서 할 수 있다고 은근히 뽐내왔었다. 그러나 엄청난 부조리 앞에서 나는 어떻게 용서 하여야 합니까? 절규하고 있다.

나는 앞의 4단계 중, 치유의 단계에서 머뭇거리고 있다. 내 자신을 위하여 용서의 구체적 방법을 총동원하여 적어본다.

1. 목록을 기록하며 받은 상처, 내게 미친 영향을 적어가며 용서한다고 선포하라.
2. 문제의 외재화로 사람을 미워하지 말고 그 죄만 미워하라.
3. 나주장법(I Message)으로 아픔을 그분께 토로하라.
4. 용서한 사람에게 아무것도 기대하지 말라.
5. 선으로 악을 이기라.
6. 그분의 시각(긍휼의 시각)으로 상처 준 자를 바라보라.
7. 상처 준 사람의 원가족 상처를 이해하도록 노력하라.
8. 시각의 전환을 일으켜 대안적 스토리를 쓰라.
9. 가해자의 성장배경 등을 이해하라.
10. 나도 타인의 용서가 필요한 존재임을 깨달아라.

그렇다. 삶에서 고통은 피할 수 없는 부분이다. 우리네 삶은 자전 거의 두 바퀴와 동일하여 삶이 돌아가는 한 부조리와 고뇌는 함께 돌아가는 법임을 안다.

가해자, 자신, 관계에 대한 긍정적 조망을 바라보며 고통의 의미를 발견하자. 용서함으로 받는 선물로 고집센 자신을 설득하자. 상처에 서 향내가 날 수 있다. 아픈 만큼 성장한다는 말처럼 성장의 디딤돌 이 된다. 밤은 나에게 어둠을 주었으나 나는 그것으로 빛을 본다.

용서는 그에 대한 미움을 없애는 것이 아니라 그 미움을 마음의 가장자리로 밀어내는 것이다. 용서는 어떤 행위나 태도가 아니라 발 견이다. 그 사람에 대한 새로운 감정을 발견하는 것이다(John Patton).

내가 먼저 치유되어 한 사람이 그 끈을 놓으면 상대방이 협조 안 해도 용서할 수 있다. 억울한 감정이 내 삶과 내가 만나는 사람에게 전이되기에 내 삶이 피폐해지고 내가 나를 감옥에 갇히게 하기에 먼 저는 나를 위하여, 그 다음으로 하나님 위하여 용서하자. 내가 이미 하나님으로부터 용서함 받았기에 내 안에 이미 용서의 물줄기 있기 에 가능할 것이다.

학생들의
우리집
비전선언문
우수작

연탄

안도현님의 〈연탄 한 장〉의 첫 부분을 보면, "또 다른 말도 많고 많지만 삶이란 나 아닌 그 누군가에게 기꺼이 연탄 한 장 되는 것" 이라고 시작한다.

우리 가정의 비전을 어떻게 표현할 수 있을까 고민하다가 한 마디로 표현할 수 있는 좋은 글귀를 만났다. 이것이야말로 우리 가정의 모습이자 비전이어야 하지 않을까 하는 마음에서 이 글귀를 넣어 보았다.

수많은 상황 가운데 삶을 살아가면서 나보다는 다른 사람에게 먼저 뜨거운 존재로, 예수님이 그러하셨던 것처럼, 연탄재 가정으로 멋지게 살아낼 것을 기대해 본다.

연 말마다 기억되는 그 분,
탄 생하신 그 날만의 화려함이 아닌
재 림하시는 그 날까지 그 분 가신 길 따라가는
　 연탄재 가정 되기

정미현 학우

ROPE 로프

Responsibility 책임
어떤 환경과 상황에서도
끝까지 동행한다.

Responsibility 책임
선택과 결정에
따르는 손해도 감수한다.

Overcome 극복
그 어떤 어려운 상황과 힘든 시련도
피하지 않고 끝까지 변명하지 않는다.

감정이 아닌 의지와
이성으로 결단을 유지한다.

Passion 열정
그 어떤 깊은 수렁과 힘든 장애물도
포기하지 않고 끝까지 건너게 하는 것
목적은 포기하지 않게 하며
방향은 힘들어도 그 길로 가게하고
구체적인 목표는 열정을 확인하게 한다.

Encounter 직면
그 어떤 높은 장벽과 힘든 일도
포기하지 않고 목표에 도달한다.
장애물을 넘지 못하게 하는
자신과 직면한다.

ROPE(책임, 극복, 열정, 직면)의 핵심가치로
결속한 우리 가정은 위기의 가정을 살리는 생명 줄이 된다.

김형숙 학우

비전 19

삶의 균형

---

1. 우리 가족은 하나님만 경외한다

우리에게 가장 필요한 것은 하나님을 사랑하는 가운데 하나님을 경외하는 것이다. 하나님을 경외하는 것이 지혜의 근본이고 하나님을 아는 것이 명철이다. 인간은 하나님을 경외함으로 죄에서 떠나게 된다.

우리 가족은 여호와 하나님만을 섬기고 그 음성에 순종할 것이다. 하나님을 경외함으로써 말씀이 마음에 새겨져서 지혜와 지식으로 마음이 채워지고 행함이 있는 믿음으로 온전케 된 자의 삶을 살기로 결단한다.

그 나라로 들어가는 문

토마스 켄

하나님 아버지, 우리 집 문을 넓혀 주사
인간의 사랑과 교제를 원하는 모든 사람을 영접하게 하소서.

하나님 아버지, 우리 집 문을 좁혀 주사
탐심과 교만과 다툼이 들어오지 못하게 하소서.

하나님 아버지, 우리 집 문지방을 낮추사
어린아이나 비틀거리는 사람이 걸려 넘어지지 않게 하소서.
또한 거칠고 강한 문지방도 되게 하사
유혹하는 자들이 들어올 수 없게 하소서.

하나님 아버지, 우리 집 문이
영원한 당신의 나라로 들어가는 문이 되게 하소서.

2. 부모를 공경하고 형제간에 화목하며
서로 거짓말하지 않는다.

친가, 외가의 조부모님들을 마음과 정성을 다해 공경하시고 형제지간에 화목하며 정직한 삶을 사셨던 부모님의 삶은 우리들에게 '산교육'이 되었다. 우리는 부모님의 본을 받아 이제 우리와 우리의 자녀들이 그 뜻을 이어갈 것이다.

7년 전 아버지의 소천하심은 우리에게 너무나 가슴 아픈 이별이었다. 더 많이 사랑하고 더 잘 섬기지 못한 후회와 그리움이 가슴에 가득하다. 아버지 몫까지 어머니를 섬기고 형제간에 사랑하며 살고자 한다. 오늘이 마지막이라는 마음으로 후회없이…

나의 아버지는 내가

앤 랜더스

네살 때, 아빠는 뭐든지 할 수 있었다.
다섯살 때, 아빠는 많은 걸 알고 계셨다.
여섯살 때, 아빠는 다른 애들 아빠보다 똑똑하셨다.
여덟살 때, 아빠가 모든 걸 정확히 아는 건 아니었다.
열살 때, 아빠가 어렸을 때는 지금과 확실히 많은 게 달랐다.
열두살 때, 아빠가 그것에 대해 아무것도 모르는 건 당연한 일이다.

아버진 어린 시절을 기억하기엔 너무 늙으셨다.

열네살 때, 아빠에겐 신경 쓸 필요가 없어. 아빠 너무 구식이거든!

스물 한살 때, 우리 아빠말야? 구제 불능일 정도로 시대에 뒤졌지.

스물 다섯살 때, 아빠는 그것에 대해 약간 알기는 하신다.

그럴 수 밖에 없는 것은 오랫동안 그 일에 경험을 쌓아오셨으니까.

서른살 때, 아마도 아버지의 의견을 물어보는 게 좋을 듯하다.

아버진 경험이 많으시니까.

서른다섯살 때,

아버지에게 여쭙기 전에는 난 아무것도 하지 않게 되었다.

마흔살 때, 아버지라면 이럴 때 어떻게 하셨을까 하는 생각을 종종
한다. 아버진 그만큼 현명하고 세상 경험이 많으시다.

쉰살 때, 아버지가 지금 내 곁에 계셔서

이 모든 걸 말씀드릴 수 있다면 난 무슨 일이든 할 것이다.

아버지가 얼마나 훌륭한 분이셨는가를 미쳐 알지 못했던 게 후회스
럽다. 아버지로 부터 더 많은 걸 배 울 수도 있었는데 난 그렇게 하지
못했다.

3. 배우자는 인생 최고의 동반자,
　사랑하고 존중하며 순결을 지킨다.

결혼의 기초는 사랑이 아니라 언약적 맹세다. 우리 가족은 배우자 각각의 독특성을 존중하고 개발하면서도 사랑, 신뢰, 존중, 친밀함을 바탕으로 두 사람이 결합하여 조화롭고 상호보완적인 전체를 창조해 내고 싶다. 그리하여 가정생활에서 주님을 영화롭게 하며 우리 가정에게 주신 하나님의 목적과 사명을 발견하고 이루어 나가는 일에 힘쓸 것이다.

부부 잠언

한 몸된 부부는 그리스도와 교회의 상징이요,
범사에 그리스도를 머리 삼음은 부부간의 영광이라.
한 마음으로 기도하며 함께 주의 말씀을 읽음은
매일의 필요이며,
아내의 순종과 남편의 사랑은 모든 생활의 원칙이라.
피차 존경하며 서로 체휼함은 사랑의 표현이요.
서로의 가족을 경외함은 축복 받을 자세요.
감사와 사과는 항상 해야 할 일이라.
가깝다하여 예의를 잃음은 화목을 잃음의 시작이요.

첫 번째로 화목을 잃음은 사탄에게 문을 열어줌이라.

상대의 단점을 남에게 말함은 사탄에게 역사할 기회를 줌이요

상대의 단점을 따지며 자신의 장점을 생각함은

사탄의 제의를 받음이라.

자신이 상대의 십자가가 되게 하지 말고,

상대가 자신의 십자가임을 앎이 승리의 비결이라.

4. 부모는 자녀의 제일 친한 친구가 되어 준다.

자식은 여호와의 주신 기업이다. 기업은 땅을 의미하며 무엇을 심던지 그대로 거두는 것이다. 태의 열매는 상급이다. 무엇을 잘해서 받는 게 아니라 자녀 자체가 상급이다. 상급을 상급으로 누리며 매 순간 감사하며 살 것이다. 자녀를 존재 자체로 수용하고 양육하는 수고도 누리며 하나님의 디자인을 따라서 양육할 것이다.

가정생활에 우선권을 두고 함께 시간을 보내며 친밀한 유대관계를 세우는 데 힘쓸 것이다. 자녀를 하나님의 형상으로 지음 받은 독특한 개인으로 존중하며 무조건적인 사랑을 주고 보다 바람직한 대화와 더 많은 상호 작용의 시간을 가질 것이다. 가족 간의 갈등을 신속하게 해결하고 서로에게 무제한적인 용서를 베풀 것이다. 자녀의 개별성을 존중하고 장점과 재능을 계발하여 삶의 목적을 찾도록 조

력할 것이다.

자녀들을 정서적으로 지원하며 정체성을 가르치고 세워줌으로써 자존감을 세우도록 돕고 책임감 있는 십대로 성장하도록 격려할 것이다. 그리하여 아이들이 언제라도 자유롭게 부모에게 다가와서 자신의 내밀한 갈등과 문제를 터놓고 말할 수 있는 베스트 프렌드가 되어줄 것이다.

5. 어려운 이웃을 돌아보고 사랑으로 돕는다.

잘 포장된 고속도로를 달리듯 인생을 살려는 사람은 다른 사람을 살리거나 도울 수 없다. 강도를 만나 쓰러진 사람을 보고 돌본 선한 사마리아인 이야기가 생각난다. 하나님이 우리에게 주신 건강, 시간, 지식, 재물, 재능 등의 모든 자원은 우리 자신뿐만 아니라 우리의 도움을 필요로 하는 이들에게 축복과 사랑의 통로가 되어 그들과 함께 나누고 누리도록 주신 것이다. 우리 가족은 지극히 작은 자 하나에게 한 것이 곧 내게 한 것이라고 하신 주님의 말씀을 마음에 새기며 우리의 이웃을 돌아보고 섬기며 나누는 삶을 살고자 한다.

아시시 성 프란체스코의 기도

주여, 나를 평화의 도구로 삼아주소서.
미움이 있는 곳에는 사랑을
다툼이 있는 곳에는 용서를
분열이 있는 곳에는 일치를
그릇됨이 있는 곳에는 진리를
의혹이 있는 곳에는 믿음을
절망이 있는 곳에는 희망을
어둠이 있는 곳에는 빛을
슬픔이 있는 곳에는 기쁨을
가져오는 자 되게 하소서.
위로받기보다는 위로하고
이해받기보다는 이해하고
사랑받기보다는 사랑하게 하소서.
우리는 줌으로써 받고
용서함으로써 용서받으며
자기를 버리고 죽음으로써
영생을 얻기 때문입니다.

6. 현재(present)를 선물(present)로 누린다.

사람들이 걱정하고 불안해하는 것 중에 90%는 과거와 미래에 대한 것이고 10%만이 현재를 위한 것이라고 어느 의대 교수님이 말씀하셨던 기억이 난다. 현재를 의미하는 영어 단어 present와 선물을 의미하는 present가 같은 것처럼 내가 사는 현재를 선물로 생각하며 살라고 하신 말씀이 인상적으로 다가왔고 우리 가족의 모토(motto)가 되었다.

과거의 사건에서 경험한 것은 변화시킬 수 없지만 그 사건에 의한 영향은 변화시킬 수 있다는 Satir의 치료적 신념에서도 그 희망의 메시지가 마음에 남았다. 피할 수 없으면 즐기라는 멋진 말처럼 우리 가족은 주님이 주신 '현재'라는 '선물'을 즐기고 누리며 어떠한 세상적인 위치에 서기보다는 하나님이 바라시는 위치에 서 있고자 한다.

우리의 참된 집

월터 브루그만

앞에 계신 하나님이요 뒤에 계신 하나님,
우리를 위하시는 하나님이자
당신 자신을 위하시는 하나님,
하늘과 땅을 만드신 분,

바다와 하늘을 지으신 분,
낮과 밤을 다스리시는 분.

저희에게 주신 삶의 질서를 감사히 여깁니다.
반복되는 리듬을,
지속되는 균형을,
저희 근심을 해소시키는 안정성을.

주님 주신 보물입니다,
일할 수 있는 낮과 쉴 수 있는 밤은,
주님 주신 귀중한 선물입니다.
다스릴 수 있는 낮과 맡길 수 있는 밤은,
주님 주신 감미로운 선물입니다.
계획할 수 있는 낮과 꿈꿀 수 있는 밤은.
저희 낮과 밤이 되어 주시고
하늘과 땅이 되어 주시며
바다와 하늘이 되어 주소서.
그리고 마침내 저희 참된 집이 되어 주소서.

7. 자연을 찾아 쉼과 회복을 얻고 영 · 혼 · 육을 풍성하게 한다.

 지금은 하늘에서 안식하고 계시는 우리 아버지는 여행을 무척 좋아하셨다. 그런 아버지 덕분에 우리들 어린 시절에는 주말마다 전국 각지로 여행을 다니며 사찰 등의 문화유산들과 아름다운 자연을 느낄 수 있었다. 그 당시만 해도 야외에서 취사가 가능해서 계곡이나 산에서 맛보았던 밥과 찌개의 맛, 바닷가에서 게를 잡아 요리해 먹었던 즐거움 등은 행복한 기억으로 남아있다.

 우리 집의 뜰에도 갖가지 나무와 꽃이 많아서 사계절의 자연을 느낄 수 있었고 봄이면 커다란 라일락 나무의 꽃향기가 창문을 타고 들어와 온 집안에 가득한 것이 무척 좋았다. 자연 속에서 느낀 경험들은 우리의 감성을 풍부하게 하고 우리의 심신을 풍요롭게 해주었다. 성인이 되어서는 자연의 품에 안길 때마다 천지를 지으신 주님의 신묘막측하심을 느끼며 경탄을 금할 수가 없었다.

 우리 가족은 바쁜 세상 속에 살면서도 자연을 찾아 그곳에서 쉼과 회복을 얻고 영 · 혼 · 육을 풍성하게 하는 삶을 살려 한다.

귀로 듣는 가을

박이도

가을은 가장 먼저
내 귀로 다가온다
귀뚜리가 맑은 소리로
새벽잠을 깨우니까

잠 아니 오는 새벽엔 인생을 곱씹어 본다
꿈속의 현실인지
현실 속의 꿈인지
과연 세월은 허망한 것일까

산에 오르는 건
화려한 단풍의 빛깔을 쫓아가는 것
험한 등산로 아래
흐르는 냇물 소리에
발을 담근다
눈을 감는다

그때 정적을 깨는 새소리에

화답하듯
소슬바람이 분다.
먼 바다의 파도 소리로
숲속의 나뭇잎들을 떨구고

더 숨죽여 귀를 멈추면
산과 산이 손뼉을 치듯
노을을 향해 어둠을 합창한다.

자연을 보라
자연의 소리를 들어보라.
귀로 듣는 가을,
거기 내 하나님의 음성이 숨어 있음을

8. 예술을 사랑하고 문화생활을 즐긴다.

나의 부모님은 자녀들에게 어려서부터 지식적인 부분을 가르치는 데 치중하기 보다는 문학작품과 음악, 미술, 발레, 연극, 영화 등의 문화생활을 경험하게 해주심으로써 자극을 주고 풍부한 감성을 키우게 해주셨다. 세계문학전집과 위인전 등 늘 책을 읽으며 상상의 나래를 폈던 행복한 추억들이 있다.

어릴 때부터 이모나 언니들의 피아노 연주와 클래식이나 가곡, 외국 영화 음악, 지금은 원로가수라 불리는 가수들의 음반 등 음악은 항상 가까이 있었고 나를 매료시켰다. 저녁때면 가족이 거실에 모여 다양한 장르의 음악을 감상했고 부모님은 아이들에게 마이크를 주시며 노래를 시키시기도 하셨다.

해마다 가을이면 '가을맞이 가곡의 밤' 공연을 감상했고, 베를린 필하모닉 오케스트라와 영국 로열 발레단 공연 등 해외 유명 예술가들의 내한 공연이 있을 때마다 데려가 주셨다. 그렇게 풍성한 예술적 경험을 누리며 성장할 수 있었음에 감사하며, 남은 우리의 삶도 예술을 사랑하며 그 속에서 작가들을 만나고 인생을 배워갈 수 있기를 기대해 본다.

음악

칼릴 지브란

신은
모든 인간에게
공통된 언어로서
음악을 만드셨다.

음악은

시인과

작곡가와

조각가에게

영감을 준다.

그것은

고전 속에 나오는

신비한 것들의 의미를

우리의 영혼이 찾도록

우리를 유혹한다.

9. 규칙적인 운동으로 건강을 관리한다

어린시절 아버지는 우리에게 직접 수영을 가르쳐 주시는 자상한 아버지셨다. 함께 수영을 하고 등산도 하며 부모님과 보낸 시간들은 심신이 건강한 자녀로 성장하게 해주었고 성인이 되어서도 행복하고 소중한 추억으로 남아있다.

집안 어른들과 아빠, 엄마의 사랑과 존중 속에 자란 조카들은 자신들의 감정을 솔직하게 표현 하는 건강한 아이들이다. 아빠는 아이들과 다정하게 놀아주고 대화도 많이 하는 자상한 아빠이다. 요즘의 '프레디(프렌드+대디)'라는 용어에 해당되는 사람이다. 지금까지의 아이들의 모습을 보면 머리도 좋고 운동도 잘하고 친구들과도 너무나 잘 어울려 놀며 긍정적 자아상을 갖고 자신감과 성취감을 지니고 있는 것이 보인다.

중학생이 된 지금도 휴일에 아버지와 함께 농구나 야구를 하고 집에서는 서로 끌어안고 TV보는 모습이 보는 사람을 흐뭇하게 한다. 가족이 함께 운동하며 더욱 친밀해지고 심신이 건강해지는 유익을 알기에 우리 가족은 함께 어울려 운동하며 건강한 삶을 누리고자 한다.

사랑집 한 채 짓고 싶습니다
장시하

새벽이슬 머금고 곱게 핀 꽃 한 송이
아침이면 당신의 가슴에 안겨드리고 싶습니다.

고운 아침 당신이 제일 좋아하는 음악을 들으며
당신과 입맞춤으로 하루를 두드리고 싶습니다.
향긋한 헤이즐럿 커피 한 잔으로
사랑함을 고백함으로

그대 하루를 따뜻하게 덥히고 싶습니다.

함께 걸어가야 할 날들을
때론 함께 걷고
때론 앞장서기도 하고
때론 당신을 뒤따르기도 하며
당신의 가장 편한 동행이 되고 싶습니다.

당신과 함께 맞이할 날들을 꿈꾸며
내 가슴에 영혼의 깃털을 고이 깔아
당신을 머물게 하고 싶습니다.

당신을 가두는 사랑 아니라
열린 가슴으로
당신이 마음껏 자유케 하는
당신의 모든 꿈을 사랑으로 열어주는 사랑
그런 사랑이고 싶습니다.
당신과 함께 맞이할 날들을 꿈꾸며
내 가슴에 사랑집 한 채 짓고 싶습니다.
가두는 사랑 아닌
이 땅에서 당신이 마음껏

소망의 날개 짓을 펴는 사랑

그런 사랑이고 싶습니다.

내 가슴에 당신의 사랑집 한 채 짓고 싶습니다.

10. 머리에는 지혜가, 가슴에는 사랑이, 얼굴에는 미소가, 손에는 항상 일이 있으며 끝자락이 아름다운 인생을 산다.

지혜로운 인생, 마지막이 아름다운 삶의 원리는 무엇일까를 생각해 본다. 허겁지겁 달리는 속도 중심의 분주한 삶을 산다면 그 속에서 자신을 정화할 수 없어서 그 영혼은 죽어갈 것이다. 급한 일보다 중요한 일에 삶의 우선순위를 두며 사랑하며 나누는 바른 방향의 삶에 무게 중심을 두고 살고 싶다. 한번 뿐인 인생, 명예, 부, 성공과 성취보다 삶의 의미에 가치를 두고 여유롭고 배려하는 아름다움이 묻어나는 삶을 살고 싶다.

우리 가족 모두 부르심의 소명을 알기 원한다.

소명을 깨달아 부르신 분의 마음을 알게 되기 원한다. 내려놓음의 성숙을 이루어 끝자락이 아름다운 인생이기를 기도한다.

Time Tested Beauty Tips
오랜 세월 검증된 아름다움의 비결

For attractive lips, speak words of kindness.

매력적인 입술을 원한다면 친절한 말을 하세요.

For lovely eyes, seek out the good in people.

사랑스러운 눈을 원한다면 다른 사람들에게서 善을 찾도록 하세요.

For a slim figure, share your food with the hungry.

날씬한 몸매를 원한다면 당신의 음식을 굶주린 사람들에게 나눠주세요.

For beautiful hair, let a child run his or her fingers through it once a day.

아름다운 머리칼을 원한다면 하루에 한번 어린아이로 하여금 손가락으로 당신의 머리칼을 쓰다듬도록 하세요.

For poise, walk with the knowledge you'll never walk alone.

맵시를 원한다면 결코 당신 혼자 걷고 있지 않다는 사실을 기억하고 걸으세요.

People, even more than things, have to be restored, renewed, revived, reclaimed, and redeemed; Never throw out anybody.

무엇보다도, 사람들은 회복되어져야하며, 새로워져야하며, 소생되어져야 하며, 교화되어져야하며, 구제되어져야하며, 어느 누구도 버림받아서는 안 됩니다.

Remember, If you ever need a helping hand, you'll find one at the end of your arm.

만약 당신이 도움의 손길이 필요하게 된다면, 당신의 팔 끝에서 그것을 찾을 수 있음을 기억하세요.

As you grow older, you will discover that you have two hands, one for helping yourself, the other for helping others.

나이가 들어감에 따라 당신은 자신을 돕기 위한 한 손과 다른 사람들을 돕기 위한 다른 손, 두 손을 지녔다는 것을 깨닫게 될 것입니다.

The beauty of a woman is not in the clothes she wears, the figure that she carries, or the way she combs her hair.

여인의 아름다움은 그녀가 입고 있는 옷이나, 몸매나, 헤어스타일에 있는 것이 아닙니다.

The beauty of a woman must be seen from in her eyes, because that is the doorway to her heart, the place where love resides.

여인의 아름다움은 그녀의 눈으로부터 찾아야 합니다. 왜냐하면 눈은 사랑이 거주하는 장소인 마음의 창(窓)이기 때문이지요.

The beauty of a woman is not in a facial mole, but true beauty in a woman is reflected in her soul.

여인의 아름다움은 얼굴의 미추(美醜)에 있는 것이 아니며, 여인의 진정한 아름다움은 그녀의 영혼에 반영되어 있습니다.

It is the caring that she lovingly gives, the passion that she shows, and the beauty of a woman with passing years only grows!

진정한 아름다움이란 그녀가 사랑스럽게 베풀어 주는 배려와 그녀가 보여 주는 열정이며, 여인의 아름다움은 시간이 흘러갈수록 오히려 커져만 갈 뿐입니다.

오드리 햅번이 1992년 크리스마스때 자신의 자녀들에게 들려준 Sam Levenson의 시

조연진 학우

해바라기 가족

해바라기의 꽃말은 숭배, 기다림이라고 합니다. 해를 향한 숭배, 해를 향한 기다림…

해를 바라보며 해를 목표로 열심히 살아가는 삶이라고 저는 해석하고 싶습니다.

해 해와 같이 밝은 모습으로 살기

바 서로의 눈을 바라보며 사랑한다 말하기

라 라랄라~ 즐거운 마음으로 생활하고 마음의 여유 갖기

기 서로가 성공할 수 있도록 돕고 즐겁고 행복하길 기도해 주기

이수진 학우

하하하 비전선언문

하 하늘 뜻대로 살아가기
    하나님의 말씀대로 순종하며 살아가기,

하 하나님께 영광 돌리기
    우리의 모든 것 되시는 주님께 영광 올리기,

하 하나 되어 사랑하기
    하나님께서 맺어주신 귀한 배필로 서로 섬기기,

                                        박미경 학우

찬란한 우주의 너른 품 속,
하늘, 바다, 바람, 들풀, 하나하나
충만한 생명, 반짝이는 은총이어라

뻔뻔한 가족

애교의 대왕 남편과 내조의 여왕 부인 그리고 귀염둥이 아들

Fun이 있는 우리집
어떤 상황에서도 긍정적인 면을 발견하고
그 상황을 즐길 수 있는 여유가 있는 사람들이 모인 우리집
상대방의 말에 잘 웃어주고 긍정적인 면을
찾는 사람들이 모인 우리집
언제나 사소한 것에서도 즐거움을 찾는 우리집

Fantastic한 우리집
무언가 하나 시작하면 기가 막히게 잘 해내는 우리집
상대방에 대한 배려도 환상적
자신의 일에 대해서도 환상적
가족의 분위기 또한 끝내주게 환상적인 우리집

뻔뻔한 우리집
추진하고자 하는 일에 대해서는 배짱이 있는 우리집
꼭 필요한 상황에서는 뻔뻔해질 수 있는 우리집
언제 어디서든 '사랑해요', '고마워요', '미안해요'라는 말을
서로 아끼지 않는 우리집

선경화 학우

로또 맞은 가족이 되자

L

love 서로 사랑하며

look 서로를 바라보고

learn 가족으로부터 배우고

listen opinion 가족들의 의견에 귀 기울여 주는 가족이 되자.

O

often communication 많은 대화와 소통을 통해

overcome 어려운 일은 가족이 함께 극복하고

obtain 추억을 쌓고, 웃음과 행복을 얻으며

open mind 비판없이 마음을 열고 구성원을 인정해주는 가족

T
treat with respect 존중감을 가지고 가족을 대하며
touch 잦은 스킨십이 어색하지 않고
together 가족이 함께하는 공간을 마련하여
tea 차 한잔의 여유를 가질 수 있는 가족이 되자.

T
tomorrow 가족 구성원이 내일이라는 미래를 함께 바라보며
travel 삶의 여정에 함께 여행하고
twinkle 서로가 빛날 수 있도록 도와주고
top 최고의 자리에 섰을 때 가족에게 감사할 줄 알고
twice 가족의 기쁨을 나누어 2배로 행복감을 느끼는 가족이 되자.

O
one 하나의 가족이 되었다는 것에 감사할 수 있는 가족이 되자 .

김예원 학우

4

가슴 뜀

나의 아내는 아름답습니다

하나님, 나의 아내는 아름답습니다.
꽃다운 처녀 때의 모습이 아름답습니다.
맏며느리를 마다하지 않은 용기가 아름답습니다.
힘든 시집살이를 이겨낸 인내가 아름답습니다.
세 아이를 내 품에 안겨 준 아내의 산고가 아름답습니다.

출근할 때 뒤에서 살며시 껴안던 사랑의 숨결이 아름답습니다.
실직한 나를 위로하던 넓은 가슴이 아름답습니다.
시동생 뒷바라지하며 도시락 들고 서있던 모습이 아름답습니다.
시어머니와 두세 시간씩 통화할 때
들리는 아내의 웃음소리가 아름답습니다.
암을 이기신 친정 어머니의 믿음을 바라보는
눈물 젖은 눈망울이 아름답습니다.

한쪽 팔을 못 쓰시는 친정 아버지께 상추쌈을 입에 넣어주던
하얀 손가락이 아름답습니다
어려움에 처한 동서와 올케를 권면하며
가슴 아파 떨리던 그 목소리가 아름답습니다.

두 아들의 노랑머리,
빨강머리를 바라보는 사랑스런 눈길이 아름답습니다.
아내보다 훨씬 커 버린 아들을 나무라는
애절한 목소리가 아름답습니다.

기도하여 낳은 막내딸의 얼굴에 입맞추는 입술이 아름답습니다.
예배시간 찬양 팀에 서서 주님을 찬양하며
드높이 올린 두 손이 아름답습니다.

교회 식구들에게 밥을 퍼 줄 때
이마 위에 맺힌 땀방울이 아름답습니다.
밤새 책 읽다 잠들어 들려오는 숨소리가 아름답습니다.
빙 둘러 서로 손잡고 식구들을 위하여 기도하던
눈물에 젖은 두 무릎이 아름답습니다.

작자 미상

회복탄력성으로 가슴 뛰는 가정을 세워가라

에덴동산에서 죄를 범하여 부끄러움을 알게 되어 무화과 나뭇잎으로 인간의 수치를 가리기 시작 했을 때부터 우리 인간은 무화과 나무 입새, F(Frustration) I(Isolation) G(Guilty Feeling) L(Loneliness) E(Exile) A(Anger) F(Fear)를 운명처럼 덧입게 된다.

그 이후 FIGLEAF의 첫글자 F(Frustration), 좌절은 두 바퀴의 자전거처럼 우리네 삶이 돌아가는 한 따라오는 필연이 되었다.

좌절 투성이 우리네 삶에서 회복탄력성이란 꼭 필요한 요건이 되었다. 회복탄력성이란 역경을 퇴치하는 마음의 근력이다. 역경을 긍정적으로 받아들여 도약의 디딤돌 만드는 힘이라 할 수 있다.

놀라운 회복탄력성의 모델로 닉 부이치치를 들 수 있습니다. 사지 없이 몸둥아리만 가지고 태어난 닉 부이치니는 수영, 골프, 테니스

등 만능 스포츠맨이다. 팔다리 없는 에이미 멀린스는 장애에도 불구하고가 아니라 장애 때문에 극작가, 패션모델, 방송인이 되었다. 알렉산더 대왕은 간질보다도 무서운 아직도 병명을 알 수 없는 그 무서운 병의 발작으로 영국에서 가장 위대한 존경받는 왕이 되었다. 세잔느는 화가로서 아주 치명적 조건인 약시 때문에 원근을 분간하지 못하고 초점없이 희미하게 그리게 됨으로써 현대화의 아버지가 되었다. 서울대 이상묵 박사는 MIT 국비 유학생으로 전도유망한 해양 지질학자이었으나 45세때 차량전복으로 입을 제외한 전신마비 운명을 만나게 된다. 사고 5년 후 장애인을 위한 IPTV를 발명, 한국의 스티브 호킹이라는 별명은 얻은 그는 역경이란 극복만 할 수 있다면 역경이 아예 없었던 것보다 더 나을 수 있다고 역설하고 있다. 은혜는 겨울철에 자란다. 잔잔한 바다는 노련한 사공을 만들 수 없다.

회복탄력성을 가지려면 긍정적 뇌를 가져오는 자기조절 능력과 대인관계 능력이 필요하다. 자기조절 능력이란 압박과 스트레스 상황에서도 평온유지 능력이다. 자기 조절능력을 높이려면 시각의 전환과 내재적 동기가 있어야 하며 충동 통제력이 절실하다. 외압이 아닌 건강한 통제력이 필요하다. 이렇게 되려면 자율성을 가져야 하며 늘 즐기면서 일하고 공부해야 된다.

건강한 통제력을 갖추지 못한 우리나라 학생은 공부를 〈참아야 할 고통〉으로 생각한다. 그 결과, 흥미도, 내재적 학습동기, 학업효능감(자신감)도 떨어진다. 일도 공부도 자율성을 가지고 재미있게 즐기면서 해야 한다. 우리나라 학생들은 자기주도적 학습 능력이 최하위이다. 입학 시 학업성취도는 높아도, 하버드 낙제생 중 90%가 한국 학생이하 한다. 초교 5학년생이 인터넷에 올린 글이 가슴 아프다. 자신은 교복이 아니라 죄수복을 입고 명찰이 아니라 수인번호를 달고 있고 교실 슬리퍼가 아니라 죄수 슬리퍼를 신고 있으며 출옥할 날만 기다리고 있다는 글이었다. 내재적 동기와 자율성이 없으면 이렇듯 불행한 아이들만 양산하게 된다.

맛없는 채식만 먹는 채식주의자가 아니라 또한 몸에 나쁜 정크 푸드만 먹는 쾌락주의자가 아니라 맛있고도 몸에 좋은 음식을 먹을 수 있다면 참으로 행복할 것이다. 이렇게 되려면 하는 일에 즐거움과 사명이 있어야 합니다. 공자는 기뻐하고 즐거워 하는 것이 군자의 진정한 모습이라 했다.

회복탄력성을 갖기 위하여 원인 분석력을 긍정적으로 가지고 있어야만 한다. 긍정심리학의 창시자, 마틴 셀리그만은 ABC 연결고리에서, 일어나는 사건(Activating event)은 그 역경에 대해 어떤 해석(Belief)을 내리는가에 따라 C(Consequence)가 달라진다고 역설하고 있다. 내 삶에 어떤 일이 일어났는가 보다 내가 그 일을 어떻게 인지하고 있는가 하는 인식(perception)이 더 중요하다는 말이다.

회복탄력성의 두번째 요인은 대인관계 능력이다. 사회적 연결망은 회복의 길을 열어주는데 도움이 되기 때문이다.

대인관계 능력에서 소통력, 공감력 이외에 자아확장력이 필수적 요인이다. 자아 확장력의 핵심은 나마스떼(인도 산스크리트어 인사)이다. 나는 너를 존경한다라는 말인데 타자를 내 삶 안에 끌어 들일 수 있는 능력이다.

RQ(Resilience Quotient), 회복탄력성을 높이는 구체적 방법으로 첫번째로 긍정적 뇌로 변화하라. 시각의 전환을 준비하고, 인지적 왜

곡을 수정하고, 하는 일을 즐기라. 공감하고 소통하고, 역지사지로 생각하라.

둘째로 자신의 최대강점을 발굴하라. 인간은 자신이 하고 싶은 일할 때 가장 행복하다. 행복하면 기쁨의 용량이 커지고 기쁨이 용량이 커지면 회복탄력성이 높아질 수밖에 없다.

마지막으로 감사일기로 회복탄력성을 높혀라. 두려움, 자신없음, 외로움, 섭섭함으로 타들어 가는 까만 마음을 감사의 빛으로 쏘면 어둠을 몰아내는 빛의 속성상 그 까만 마음은 변방으로 좇겨 나가게 되고 내 마음은 감사의 빛, 행복의 빛으로 차게 되어 회복의 길을 걸어가게 된다.

회복 탄력성이 높은 사람이 행복해진다가 아니라 행복해져야 회복 탄력성이 높아진다는 기본원리를 가슴에 품었으면 한다.

용서하지 못함으로 얻는 불행 9가지

1. 자기 마음이 더러워 진다.

2. 미워하는 사람을 닮아간다.

3. 용서하지 못하면 그런 여성과 결혼하게 된다.

4. 자신을 죽이는 silent killer를 갖고 있게 되는 폭이다.

5. 몸이 아프게 된다.

6. 홀로 외롭게 된다.

7. 여전히 과거에 묶이게 된다.

8. 상처치유 안된다.

9. 용서하지 않으면 용서 받을 수 없다.

학생들의
우리집
비전선언문
우수작

情意相通

"정의상통" 우리집 가훈이다.
정이 있으면, 서로 뜻이 통한다.

가족, 친척 이웃, 주위의 모든 이들과 서로
따뜻한 정을 나누고 살자는 의미이다.
그래서 우리집 가훈의 글을 한글로 4행으로
위 가훈을 실천할 수 있는 우리집 비전선언문을 작성한다.

정　　　정열적으로 매사에 임하며.
의　　　의롭게 생각하고 행동하며,
상　　　상대방을 배려하면서
통　　　통 크게 인생을 살자!

박인숙 학우

DDR

Devotion   헌신

Diligence   근면

Reading   독서

365일 공부해서 남 주는 가족이다.

박희진 학우

인간관계가
나와 너의 관계(ich und du)가 아니라

나와 사물과의 관계(ich und es)로
전락되어서는 슬프다.

태양처럼

Modesty(겸손)

태양이 높이 떠서 온 대지와 대양을 뜨겁게 달구지만, 또한 해 질
때를 알고 기울어 달과 별들의 반짝임을 빛내 주듯 때로는 본인보다
다른 가족을 돋보이게 하는 일원이 되자.

Warmth(따뜻함)

때로는 차갑고 냉혹한 현실사회에서 태양처럼 한결같은 따뜻함으
로 서로를 품어주는 가족이 되자.

Energy(생명력)

태양이 있어 만물이 존재하듯 어떤 어려움이나 힘든 상황에서도
절망하고 포기하지 않는 그리고 타인에게 큰 위로와 힘이 되는 긍정
적인 에너지를 발산하자.

조은아 학우

열등감 가진 사람은
쏘지 않은 총알을 만들어 스스로 맞는다

열매

열매하나 – 인정의 열매
서로의 존재를 존중하며 서로의 존재
자체를 인정하자.

열매둘 – 믿음의 열매
의심의 눈으로 보지 말며 어떠한 경우에라도 서로 신뢰하자.

열매셋 – 자유의 열매
서로에게 간섭하지 않으며 관심만 가져주고
서로의 능력을 믿어주자.

열매넷 – 소망의 열매
서로의 미래에 대해 희망적인 믿음을 주자.

열매다섯 – 사랑의 열매
사랑받고 사랑하려고 이 세상에 태어났음을 기억하고
서로 사랑하자.

이국지 학우

여기서 배우다 與期誓 拜祐爹

서로 돕고 존중하며 함께하고 어른을 공경하는
행복이 가득한 가족이 될 것을 맹세한다.

세상에서 가장 위대한 스승은 부모이며
세상에서 부모에게 배우지 못하는 지혜는 없으며
세상에서 가장 훌륭한 학교는 집이다.
세상에서 배우지 못하는 가르침을
내가 있는 여기 집에서 배운다.

與(더불어 여 : 돕다)
우리가족은 항상 기쁨과 슬픔을 함께하고
서로를 도와주며 독단적으로 하지 안는다.

期(기약할 기 : 정한다)
매사의 선택을 한사람의 의견으로 정하지 않고 함께 생각을 한다.

誓(맹세할 서 : 약속하다)
아버지의 역할을 어머니의 역할을
자식으로서의 역할에 충실 할 것을 맹세한다.

拜(절 배 : 감사하다)
매일 사랑하는 가족에게 감사하며 살아간다.

祐(도울 우 : 행복)
서로의 어려움을 돕는다면
항상 행복과 웃음이 함께하는 가족이 된다.

爹(아비 다 : 존경)
윗 어른을 공경하고 내가 하는 공경은 차후 아이의 거울이 된다.

강현우 학우

사랑으로 꽃피는 행복한 가정

사랑은 '이웃을 자기 자신과 같이 사랑하라'는 말씀처럼
사랑은 백번 천번을 강조 실천해도 지나침이 없고

행복한 사람이 되려면 하나님을 섬기며
온 가족이 의무를 다할 때 찾아오며

가정은 한 가족이 함께 살아가며 생활하는
사회의 작은 집단이면서 가장 소중한 가치의 보금자리.

아내가 사랑스런 10가지 이유
수년간 우리 어머니를 잘 모셔줘서 감사한 아내
직장 다니랴 피곤할텐데 따뜻한 밥 차려주는 아내
기독교 태교 신앙으로 지금은 권사 직분 받은 아내
부족한 나를 잘 따라주고 긍정메시지 전하는 아내
결혼시작부터 가계부 작성으로 아뜰 살림하는 아내

내가 싫은 소리 해도 말대꾸 하지 않고 듣는 아내
몇달 전 새차 사줘서 감사 표시하고 운전하는 아내
퇴근 후 가족 화평으로 위해 매일마다 기도하는 아내
가족들에게 큰 소리치지 않아 본보기가 되는 아내
내가 잘 못하는데도 자주 칭찬하며 격려하는 아내

딸 세희가 사랑스런 10가지 이유
요즘에 철 들어 부모님 말씀 잘 듣고 척척 따르는 딸
자주 피아노 잘 쳐줘서 집안 분위기 좋게 만드는 딸
엄마가 컴퓨터 잘 모른다고 잘 가르쳐 주는 딸
엄마의 피곤한 몸을 알고 설거지를 자주 해놓는 딸
애완견 '쪼꼬'를 정성껏 잘 돌보며 사랑해주는 딸
얼마 전 알바해서 번 돈이라며 부모님께 용돈 준 딸
부모님 마음을 잘 헤아리고 잘 따라 감사한 딸
다음달 월급타면 해외여행 보내준다고 약속한 딸
동생 중혁이를 사랑하며 리더하는 모습에 감사한 딸
아프지 않고 잘 커줘서 무척 감사하고 사랑하는 딸

아들 중혁 사랑스런 10가지 이유
무엇이든 적극적으로 하려는 마음에 감사한 아들
주일 아침은 피곤할텐데 말 없이 교회가는 아들

성장하면서 엄마, 아빠 속을 썩이지 않는 아들
술,담배 하지 않고 잘 커줘서 사랑스런 아들
착하고 건강하게 커줘서 무척 자랑스런 아들
더 큰 꿈, 미래 향해 준비하는 모습에 감사한 아들
어버이날 기억하며 감사 편지 써주는 고마운 아들
아빠 닮았는지 반찬 투정 안하는 모습에 감사한 아들
외출 후 '잘 다녀왔습니다'라고 인사 잘하는 아들
봉사활동 가자고 하면 '예'라고 대답하고 따르는 아들

　우리집 비전 선언문은 '사랑으로 꽃피는 행복한 가정'으로 만들어 보았습니다. 학우님들도 사랑스런 10가지 이유 써서 읽어 드리면 무지 좋아하실거 같고 자녀 등 행동에 변화가 올겁니다.

　인생을 조금 살다보니 자기 뜻대로 되지 않았던 일들이 너무 많았던거 같습니다.

　뜻밖에 하나님을 만나 신앙으로 극복했었고 지금은 기쁨, 평안, 소망이 넘치는 최고의 인생을 살아가고 있어 행복합니다.

훌륭한 부모, 행복한 가정, 훈훈한 사회가 되려면 사랑으로 보듬어 바른 가정을 세워야 하며 그 몫은 자기자신(어른) 입니다.

그 몫을 다하지 못할 때 '어금니 아빠' 사건이 우리 주변에서 또 다시 발생할 수 있음 간과하지 말고 행복한 가정만들기 위해 노력합시다.

임치덕 학우

5

바램

강아지풀 사랑

스물 네 살 붉은 감이 익어가던 계절이었답니다.
덜익어 수줍은 홍씨의 발가스러움으로 당신을 만났답니다.

강아지풀 숲, 가위바위보,
강아지풀 하나씩 건네주며
우리들의 사랑은
초록 숲속에서 그렇게 익어갔답니다.

이제 노을빛 맞으며 언덕을 내려 간답니다.
40년 성상 당신이 베풀어 주었던 크고 작은 사랑
그저 나의 작은 두 손으로 받을 뿐이었답니다.
이제 그 사랑, 초록빛 사랑, 푸른빛 사랑되어
곱디고운 향 가득한 꽃등으로

마음에 걸어놓고 있답니다.

20代, 사랑의 계절

첫사랑 당신을 만나

당신하고 함께 하는 일마다

남들 보긴 별일 아닌 것 같아도

나에겐 모두가 귀중한 별일이 되었던 시절이었습니다.

30代, 시련의 계절

생명보다 사랑하는 아들 천국에 보내고

하루를 버틸 힘이 없을 때

당신은 그 어느 때 보다도

단단히 붙들어 주었답니다.

40代, 안식의 계절

당신은 당신의 소유물로서가 아니라

한 존재로 사랑해 주었습니다.

마치 '아내 잘해주기 경연대회' 나온 사람처럼

50代, 비전의 계절

당신은 아내 안의 작은 보석을 캐내어 내는
광부이었답니다.
비전을 붙들게 하였고
통곡으로 얼룩진 내 삶을
하늘빛 희망으로 칠하고
하늘 향해 날개를 달아 주었답니다.

60代, 섬김의 계절

당신은 지각생 만학도를 섬김의 길에 서게 하였습니다.
홈 빌더의 꿈
비전 빌더의 꿈
실버빌더의 꿈을 향해 달려가게 힘껏 도와 주었습니다.

이제부터 70代,
당신의 은빛 머리에서 세월의 무게를 본답니다.
우리들의 남은 항해
하늘사랑 가득한 곳 바라보게 하소서.
하늘의 뜻으로만 채우게 하소서.
하늘의 가치로만 맺음하게 하소서.

마지막 그날까지 처음처럼
살아내고자 하는 바램

〈감옥으로부터의 사색〉의 저자, 신영복 교수의 20년 간의 감옥으로부터의 사유는 그 누구도 범접할 수 없는 깊이가 있다.

그 깊이로 가족을 사랑하며 가정을 세워보자. 신영복 교수의 〈처음처럼〉의 어록을 소개한다.

성공에 의해서는 지위가 커지고 실패에 의해서는 그 사람이 커지커집니다.

물건을 갖고 있는 손은 손이 아닙니다. 더구나 일손은 아닙니다.
갖고 있는 것을 내려놓을 때 비로소 손이 자유로와 집니다.
빈손이 일손입니다.

그리고 돕는 손입니다.

老가 원숙이 小가 신선함이 되고 안되고는 사색에 달려있다고 믿습니다.

堂無有用 – 마리아의 옥합처럼 깨어질 때, 기드온의 항아리처럼 비워질 때 쓰여집니다. 그릇의 속이 비어 있기에 유용합니다.

실천된 만큼의 사상만이 자기 것이며 그 나머지는 아무리 강론하고 공감하더라도 자기 것이 아닙니다.

학생들의
우리집
비전선언문
우수작

L.O.V.E.

늠직한 포비 아빠, 이명호
상냥한 루피 엄마, 허진미
귀엽고 깜찍한 아기 펭귄 뽀로로, 이주예

Our love family
Love, Voice, Other, eco

Love : 사랑
1. 매일 아가랑 말씀읽기(태아 복음이도 함께)
2. 매일 축복 기도 해주기.

other : 이웃
1. 해외 아동 결연하기.
2. 지역 복지관 섬기기 .

voice : 언어

1. 감사해요. 미안해요. 사랑해요.

   하루에 1번 이상 표현하기.

2. 괜찮아. 잘 했어. 힘내.

   칭찬과 격려하기.

eco : 환경

1. 가정의 건강을 위한 친환경 주말농장 가꾸기.

2. 일회용품 & 분리수거 철저히 하기.

이명호 학우

무한도전

무 　무조건 믿어주는 가족이 되고

한 　한없이 사랑으로 감싸주고 서로를 반겨주는 가족이 되고

도 　도리를 지키며 같은 비전을 세우고 도전하고
　　노력하는 가족이 되고

전 　전가족이 서로를 존중하고 아끼며
　　평생 사랑하고 살겠습니다.

이정희 학우

믿는 만큼 자라는 아이들이다
"어머니, 난 얼굴도 못나고,
학벌도 없고 집안도 부족한데
어떻게 성공해요~~"
"자식아~ 엄마가 된다면 되는 거야~"

용혜원

사랑꽃씨 되어 그대가슴에

1. 서로를 귀하게 여기자.

가족은 그 누구보다 가깝고 어떤 경우에도

사랑할 것을 알기에 쉬이 상처를 주고 받기도 합니다.

그래서 더욱 서로의 의견과 마음을 존중하고 보듬어줘야 합니다.

2. 표현하지 않으면 몰라요.

내가 그대를 얼마나 사랑하고 아끼는지 말하고 표현해 주세요.

말하지 않아도 아는 것보다 훨씬

가족들 간의 마음을 따뜻하게 만들어 주니까요.

3. 부모님을 공경하자.

어른을 공경하고 존중하는 모습이 얼마나 아름다운지

아이들에게 어른공경의 뜻과 힘을 잘 가르쳐주자.

4. 자연과 가까이 하는 삶

빌딩 숲 속이 아닌 자연과 함께 더불어 사는 삶이
얼마나 삶을 풍족하고 윤택하게 만들어 주는지 잊지 말자.

5. 주님과 동행 하는 삶

삶의 수많은 어려움과 기로 속에서 흔들리거나
헤메이지 않게 잡아주시는 신앙을 키워나가자.

이주아 학우

무한불성

君家受福(군가수복)

어질고 바른 행동으로 행복한 가정을 이루자.

無汗不成(무한불성)

땀(노력)이 없으면, 어떠한 일도 이룰수 없으니 항상 노력하는 가정이 되자.

增人以言重於金石珠玉(증인이언중어금석주옥)

따뜻한 말 한마디가 가장 귀중하니, 서로에게 따뜻한 말을 해주는 가정이 되자.

行思禮動思義(행사예동사의)

행동하기에, 움직이기에 앞서 예의를 생각하고, 서로에게 배려를 해주는 가정이 되자.

禍福無門維人自招積善之家必有餘慶
(하복무문 유인자초적선지가 필유여경)

　화와 복에는 문이 없고, 오직 사람이 자초하는 일이고 선을 쌓은 집에는 반드시 경사가 있다. 남에게 피해를 주지 말고, 선을 쌓아 행복한 가정이 되자.

황명희 학우

T.R.U.S.T

Thankful 　　가족구성원들과 함께 하는 생활에 감사하는 마음
을 갖는다.

Responsive 가족 구성원들이 보내는 의사소통의 신호에 반응
하고 관심을 보인다.

United 　　가족구성원들이 정신적으로 물리적으로 함께 한다.

Sensitive 　가족구성원들을 위해 세심한 배려를 한다.

Trustworthy 가족구성원들이 서로 믿고 신뢰한다.

손영진 학우

우리 인간은 함께할 때 비로소 온전한 존재가 된다.
가슴 뛰는 기쁨도 비장한 슬픔도
사람으로부터 얻기 때문이다.

하루에 한번씩

1. 행복한 가정과 행복한 나를 위해
   다음과 같은 비전을 선언합니다.
2. 하루에 한번씩 서로에게 칭찬을 한다.
3. 하루에 한번씩 실컷 웃는다.
4. 하루에 한번씩 하고 싶은 일을 한다.
5. 하루에 한번씩 반성을 한다.
6. 하루에 한번씩 꿈을 꾼다.

이난희 학우

着眼大國 着手小國
오늘이 마지막 날인 것처럼 열심히 실고
영원히 살 것처럼 큰 비전을 가지며 열심히 살아가자

우리집 ㄱㄴㄷ

감사하는 가족이 되겠습니다.

부족해도 투덜대지 않고 작은 것에 감사하겠습니다.

노력하는 가족이 되겠습니다.

힘들다고 포기하지 않고 최선을 다하겠습니다.

도전하는 가족이 되겠습니다.

새로운 것을 겁내지 않고 부딪혀 극복해 보겠습니다.

리더가 되는 가족이 되겠습니다.

앞장서서 솔선수범하고 모범이 되겠습니다.

믿음이 가득한 가족이 되겠습니다.

주님의 뜻에 따라 순종하며 주님을 닮아 가는 삶을 살겠습니다.

배려하는 가족이 되겠습니다.

내 욕심을 차리기 보다는 다른 사람을 먼저 생각하겠습니다.

사랑하는 가족이 되겠습니다.
서로 아끼고 부족한 모습도 감싸주겠습니다.
용기 있는 가족이 되겠습니다.
불의에 눈감지 않고 올바른 일에 앞장서겠습니다.

재미있는 가족이 되겠습니다.
즐거운 일을 함께 나누고 웃음이 가득하고 싶습니다.
책임감 있는 가족이 되겠습니다.
자신의 일을 남에게 미루지 않고 서로 돕고 도움이 되겠습니다.
쾌활한 가족이 되겠습니다.
인생을 소풍이라 생각하고 즐겁고 행복하게 살겠습니다.

통큰 가족이 되겠습니다.
작은 일에 연연하지 않고 서로 용서하고 이해하겠습니다.
평화로운 가족이 되겠습니다.
다름을 비난하기 보다 인정하고 질투하기보다 칭찬하겠습니다.
화목한 가족이 되겠습니다.
이 세상에서 가장 소중한 것은 가족이라는 것을 잊지 않겠습니다.

류은희 학우

소소한 일에 감사

사랑

사랑은 가슴을 채우는 특별한 감정입니다. 사랑은 전염됩니다.

내가 대접받고 싶은 대로 가족과 다른 사람을 대접하겠습니다. 친절하고 따스하게 말하겠습니다. 나의 물건이나 시간 느낌을 가족과 나누겠습니다. 있는 그대로를 사랑하겠습니다. 사랑하는 사람들을 잘 보살피겠습니다. 좋아하는 일을 하고, 하는 일을 좋아하겠습니다.

한결같음

한결같음이란 자신에게 가장 가치 있는 것이 무엇인지를 잊지 않고 그에 따라 살아가는 것입니다. 옳다고 믿는 것을 옹호하는 마음을 갖겠습니다.

항상 정직하고 진지한 마음을 갖겠습니다. 양심의 소리에 귀 기울이고 진실을 말하겠습니다. 스스로의 힘으로 판단하고 유혹을 피하는 마음을 갖겠습니다. 한결같음으로 자긍심과 평온한 마음을 갖도록 하겠습니다.

화합

화합은 우리가 평화롭게 서로 도와가며 살아갈 수 있게 해줍니다.

화합을 통해 개개인의 힘으로 할 수 있는 것보다 훨씬 많은 것을 이룰 수 있습니다. 서로 경청하고 함께 해법을 모색하면서 갈등을 해결해 나가겠습니다. 서로 다름 속에서 선물을 발견하겠습니다. 살아있는 모든 것을 배려하겠습니다. 어디에 가든지 평화를 만드는 사람이 되겠습니다.

감사

감사는 우리가 가진 것을 고맙게 여기는 태도입니다. 배우고 사랑하고 존재하는 것에 고마움을 느끼는 것입니다. 주변에서 일어나는 일과 마음 속에서 매일 일어나는 작은 일에 대해서 감사한 마음을 갖겠습니다. 나에게 주어진 삶이라는 것 자체에 감사해 하겠습니다.

나에게 주어진 능력을 고맙게 생각하겠습니다. 일상에서 마주치는 어려움을 배움의 기회로 삼겠습니다.

누군가 나에게 주는 것에 대해 감사한 마음으로 기꺼이 받겠습니다. 매일 내가 누리고 있는 축복에 대해 감사한 마음을 갖겠습니다.

초연

초연함은 감정의 소용돌이 속에서도 통제력을 잃지 않고 자신의 느낌을 관조하는 것입니다. 초연함으로 충동적인 감정에 휩쓸리지 않고 어떻게 행동해야 할 것인지를 자유롭게 선택하겠습니다. 후회할 일을 하지 않도록 사전에 충분히 생각하겠습니다. 내가 통제할 수 있는 일과 그렇지 않는 일을 명확히 구분하겠습니다. 수동적으로 반응하기 보다는 능동적으로 선택하겠습니다.

항상 옳은 선택이 무엇인지 생각하겠습니다.

박선미 학우

통합된 삶-

To Be와 To Do의 균형

개체성과 공동체성의 조화

이성과 감성의 균형

등대가 있는 풍경처럼

한 곳을 바라보는 가족
가족공동체로서의
목표를 가지고 서로 노력하자.

버팀목이 되어주는 가족
든든한 버팀목이 되기 위해
자기계발에 힘쓰자!

서로의 안식처가 되는 가족
힘들고 괴로운 일이 생겨도
주님 안에서 서로 편이
되어주는 가족이 되자.

변치않는 가족애
수많은 세월이 흘러도
변함없는 바위처럼
이해와 화합으로 가족의
이름을 지켜나가자.

이미자 학우

LCTA

Love

네가 행복하면 나도 기쁘고

네가 불행하면 나도 슬퍼져

사랑은 서로를 있는 그대로 비추어 주는 거울 같기에

서로 행복하고 따뜻한 마음으로

상대방을 대하며 살아가는 가족이 되었으면 합니다.

Courage

생각하고 마음으로만 간직하는 것이 아닌

'미안해', '고마워', '사랑해' … 같은 쉽지만

어려운 말을 따뜻한 용기를 가지고

상대방에게 표현하며 지낼 수 있는 가족이었으면 합니다.

또한 어렵고 힘든 일이 생기더라도

서로를 다독이고 이끌어주고 힘이 되어주며

함께 앞으로 나아갈 수 있는 가족이었음 합니다.

'내일이 오늘보다 나을지 알 수는 없지만
분명 오늘과는 다를 거라는 믿음으로
메일 주문을 걸며 새로운 하루에 발을 내딛는다.'

Together
무엇인가 돌려받고자 하는 마음이 들 때면
마음이 좁아지고 힘들어지는 것 같아요.
나눈다는 것은 생각보다 어렵지만…..
우리의 삶은 나눔 속에서 좀 더 풍요로워지기에
가족과 이웃과 서로 도우며 함께 더불어 살아갔음 합니다.
'지금 주위에 힘들어보이는 사람이 보인다면
그건 당신에게 그를 도와줄 수 있는 능력이 있다는 뜻이다.'

Andante
한걸음씩 천천히 가다 보면 숨도 가쁘지 않고 먼 걸 왔다는
사실조차 모르게 된다고 합니다.
조급해하지 않고 성급하게 생각하지 않고
그렇게 천천히 한걸음씩 마음의 여유를 가지고
함께 걸어가는 부부가 되었음 합니다.

정희승 학우

6

희망

희망을 만드는 사람이 되라

이 세상 사람들 모두 잠들고
어둠속에 갇혀서 꿈조차 잠이 들때
홀로 일어난 새벽을 두려워 말고
별을 보고 걸어가는 사람이 되라.
희망을 만드는 사람이 되라.

겨울밤은 깊어서 눈만 내리고
돌아갈 길 없는 오늘 눈오는 밤도
하루의 일을 끝낸 작업장 부근
촛불도 꺼져가는 어두운 방에서
슬픔을 사랑하는 사람이 되라.
희망을 만드는 사람이 되라.
절망도 없는 이 절망의 세상

슬픔도 없는 이 슬픔의 세상
사랑하며 살아가면 봄눈이 온다.
눈 맞으며 그리웁던 기다림 만나
얼씨구나 부둥켜 안고 웃어 보아라.
절씨구나 뺨 부비며 울어 보아라.
별을 보고 걸어가는 사람 되어
희망을 만드는 사람이 되어
봄 눈 내리는 보리밭 길 걷는 자들은
누구든지 달려와서 가슴 가득히
누구든지 달려와서 가슴 가득히
꿈을 받아라 꿈을 받아라.

정호승

장영희 교수의
〈살아온 기적, 살아갈 기적〉에서처럼
희망을 붙드는 가정으로 세워가라

    장영희 교수는 역경 속에서도 희망을 노래하는 재능을 가진 희망 전도사이었다.

    생명보다 사랑하는 아버지(장왕록 교수)를 잊지 못할 때 "이제는 보내드리십시오. 사랑의 기억을 추억으로 남기고 문을 닫으십시오." 1주기 미사 때 신부님의 말씀에 "사랑의 기억을 어떻게 철지난 옷 챙겨 넣듯이 차곡차곡 챙겨 서랍장에 넣을 수 있을가요." 절규하던 저자이었지만 이제는 "잊히지 않는 자는 더이상 죽은 것이 아니다." 라는 새뮤엘 버틀러의 글로 위로를 받는다.

세상 사는 것이 만만치 않을 때, 저자는 소아마비 소녀로 친구들에 끼지 못하고 골목길에 앉아 있을 때 깨엿아저씨가 깨엿을 주며 해주었던 말 "괜찮아"를 스스로에게 속삭인다.

논문을 훔쳐간 도둑에게, 다시 시작할 수 있는 힘을 알게 해주어 고맙다며 감사하고 있다.

자기 자신을 먼저 사랑해야 남을 사랑할 에너지를 갖게 된다고 믿으며 '내가 동의하지 않는 한 나는 열등한 사람이 될 수 없다.'는 엘레노아 루즈벨트의 이야기를 가슴에 품고 희망의 씨앗을 키웠다.
우리네 가족도 희망충전소가 되는 가족되길 희망한다.

학생들의
우리집
비전선언문
우수작

모나리자 가족

모 나지 않게 조금 손해보면서
   베풀며 더불어 살아가요.

나 스스로에게 순간순간 최선을 다하며
   최대로 살아가요.

우리 는 있는 그대로를 부족함까지
   서로 사랑해요.

자~ ㄱ 은 것에 만족하며 고마워하고
   감사하는 마음으로 살아요.

아픔이 상처로 남느냐 아니면
향기로 남느냐는 자신에게 달려있다

행복 플러스 - 3(有)+3(無)+3(行) 가정

3(有) 서로간에 신뢰가 있는 가정
서로간에 인내가 있는 가정
서로간에 용서가 있는 가정

3(無) 서로간에 무시가 없는 가정
서로간에 무례가 없는 가정
서로간에 무심이 없는 가정

3(行) 서로를 위해 함께하는 시간을 매일 갖는 가정
서로를 위한 대화가 매일 이루어지는 가정
서로를 위한 스킨쉽을 강화하는 가정

오혜숙 학우

이 세상 사람들 모두 잠들고
어둠속에 갇혀서 꿈조차 잠이 들때
홀로 일어난 새벽을 두려워 말고
별을 보고 걸어가는 사람이 되라.
희망을 만드는 사람이 되라 .

정호승

POWER 가족

P   Passion 열정
모든 일에 항상 열정을 가지고
끝까지 최선을 다하는 사람이 되자.

O   Open mind 열린 마음
모든 사람을 있는 그대로 수용하고 포용하며,
더 나아가 상대에게 선입견 없이 적극적인 자세로 먼저 다가가자.

W   Wisdom 현명함, 지혜
자신의 주관을 뚜렷이 하여 현명하고
슬기로운 생각으로 타인의 의견에
좌지우지되지 않는 사람이 되자.

E　　Energy　활기

모든 일을 즐겁게, 전심전력을 다해서 해내자.

R　　Respect　존경

나보다는 남을 먼저 배려하고 이해하는 자세로

항상 예의를 지키고 서로를 소중하게 생각하자.

조정운 학우

옹달샘 가족

옹 기종기 모인 우리 가족

달 콤한 사랑이 숨쉬는 우리 가족

샘 물처럼 솟아나는 희망의 우리가족

가족 이 있어 서로에게 힘이 되는 우리 가족

서도숙 학우

'이미 있는' 문법에 갇히지 않은 사람은 '우리'를 벗어난 '나'일 수밖에 없다. 광활한 우주에 홀로 우뚝 선 사람이다. 그 '홀로' 남겨진 고독한 사람이 본 '밝은 빛'과 '조화로운 소리'는 이전에 있어본 적이 없는 것들이다. 창조가 일어난 것이다.

최진석

HAPPY

HONEST
정직하게 표현하며 살아요.
정직하게 자신의 감정을 느끼며 살아요.
정직하게 세상을 바라보며 살아요.

ACTION
행동하는 용기를 가지고 살아요.
꿈을 위해 도전하며 살아요.
사랑을 위해 섬김과 열정으로 살아요

People
사람들을 돌아보며 살아요.
이웃의 아픔을 공감하며 살아요.

Pray
기도하며 살아요.
이웃의 아픔을 위해 기도하며 살아요.
나의 꿈을 위해 기도하며 살아요.
감사함으로 기도하며 살아요.

Yes
긍정적인 마음으로 살아요.
긍정적인 마음은 슬픔을 기쁨으로,
고난을 감사로, 나의 삶에 행복을 줍니다.

32년을 함께 살아오면서 남편과 힘든 일들도 많았습니다.
하나님을 알게 되면서
우리 가정에 참 평안이 무엇인지 알게 되었습니다.
환경을 바라보지 않고 항상 긍정적인 마음으로
행복한 삶을 사는 지혜도 알게 되었습니다.

사랑을 품고,
사랑을 행동하며,
이웃과 소통하며,
항상 감사하며,
늘 기쁘게 사는 행복한 삶이
우리 가정이 꿈꾸는 비전입니다.

홍혜랑 학우

오묘한 어둠 속에서 홀로 빛을 보고,
아무 소리 없는 곳에서 홀로 조화로운 소리를 듣는다.

장자, 〈천지〉

우리집, 명품 갤러리

우리 가족 한사람 한사람 모두 하나님의 걸작품입니다.

하나님의 빼어난 작품 김 준(金 準)
아빠가 있어 우리가족은 감사합니다.

하나님의 선한 백성 김선진(金善鎭)
엄마가 있어 우리가족이 평안합니다.

하나님의 재력 있는 백성 김재민(金財民)
재민이가 있어 우리 가족은 행복합니다.

하나님의 거룩한 백성 김성민(金聖民)
성민이가 있어 우리가족은 즐겁습니다.

우리 가족이 꼭 실천하며 생활하기 원합니다.

항상 기뻐하라 쉬지말고 기도하라
범사에 감사하라
이것이 그리스도 예수 안에서
너희를 향하신 하나님의 뜻이니라
성령을 소멸하지 말며 예언을 멸시하지 말고
범사에 헤아려 좋은 것을 취하고
악은 어떤 모양이라도 버리라

김선진 학우

미인대칭

미소짓기
얼굴에 항상 미소 머금기, 웃는 얼굴로 마주보기.

인사하기
아침에 일어나서 서로 미소 띤 얼굴로 인사하기.
출근하는 남편에게 "잘 다녀오세요.", "다녀올께요."
자녀들은 "다녀오겠습니다." 엄마는 "사랑하고 축복한다."

대화하기
하루 두 시간 대화하기.
(저녁 식사시간 2시간, 저녁은 온 가족이 함께 하기)

칭찬하기
하루에 세가지 서로 칭찬하기.

박지영 학우

신앙은 추상적 이론이 아니라
삶의 실제적 도구가 되야 한다.
말하고 가르친 것이 자기 이론이 아니라
실천된 만큼의 사상만이 자기 것이기 때문이다.

이동원 목사

펭귄

___

사라져가는 날개.

날 수 없는 날개지만, 걸을때 중심을 잡아주고 헤엄칠 때 도움을 잔다. 주님은 필요한 것만 주신다. 자신이 가진 것에 행복해하며 항상 노력하자.

짧지만 튼튼하고 믿음직하다.

짧기 때문에 웃음거리가 되기도 하는 다리이다. 하지만 그 다리로 걷고, 헤엄을 치며 가족을 돌본다. 신앙의 힘으로 자기 자신에 대한 자존감을 가지고 가족과 함께하자.

단단한 부리가 되자.

부리를 단련시켜 단단하게 만들어 가족의 생계를 책임지는 밑거름을 만든다. 가족을 위해 계속 노력하는 사람이 되자.

거칠지만 따뜻한 털이 되자.
　혹독한 겨울을 견디어 내게 하는 털처럼 가족을 보호하고 따뜻한
품을 만들어 주자.

남보라 학우

자동차처럼

1. 차의 운전대처럼 자신이 원하는 방향으로 나아가자.
2. 차의 와이퍼처럼 내 마음을 깨끗하게 씻어 내리자.
3. 차의 헤드 램프처럼 세상을 밝혀주는 사람이 되자.
4. 차의 방향 지시 등처럼 다른 사람을 배려 할 수 있는 마음을 가지자.
5. 차의 엠블렘처럼 나를 상징하는 것을 만들기 위해 노력하자.
6. 차의 썬 루프처럼 안 좋은 생각을 날려보내고 긍정적인 생각으로 환기시키자.
7. 차의 보넷처럼 소중한 것 을 보호할 줄 알자.
8. 차의 안처럼 가족이 편한 환경을 만들자.

서민정 학우

花明故土 風夷新川
어둠의 이 땅을 밝히는 한 송이 꽃이 되고
이 땅에 새 날을 여는 한 가닥 바람이 되라

처음처럼 매일 설레는 가족

처음 그날의 설레임과 축복을 잊지 말자.

영원하자던 그 약속 변치 말고 살자.

열정 없는 삶은 죽은 삶이다.

항상 같은 생각과 같은 꿈을 꾸며 살자.

아끼고 존중하며 살자.

아름답게 늙어 품위있게 살자.

이혁 학우

노자의 무위-
아무것도 안 하는 것이 아니라
기존의 가치에 갇히지 않는 무아의 상태가 진아이다.
無爲而 無不爲(무아지경이면 모든 일이 가능하다)

7

사랑

사랑으로 끓여서 기쁨 솔솔 뿌려요

한 잔의 친절에
'사랑'을 부어 잘 섞고
하느님에 대한 믿음과
많은 인내를 첨가하고
기쁨과 감사와 격려를
넉넉하게 뿌립니다.
그러면 1년 내내 포식할
"천사의 양식"이 됩니다.

사랑차 조리법

1. 불평과 분노는 뿌리를 잘라내고 곱게 다진다.
2. 교만과 자존심은 속을 빼고 깨끗이 씻어 말린다.
3. 짜증은 껍질 벗겨 송송 썰어 넓은 마음으로 절여둔다.
4. 실망과 미움은 씨를 잘 빼낸 후 용서를 푼 물에 데친다.
5. 모든 재료 주전자에 담고 인내와 기도를 첨가하여
   쓴맛 없어질 때까지 충분히 달인다.
6. 기쁨과 감사로 잘 젓고 미소 한 방울 살짝 띄운 후,
   고운 믿음에 잔에 부어 따근할 때 마신다.

Helen Steiner Rice, 장영희 역

건강한 가정 10계명

1. 눈으로 비전을 바라보는 가정
   (우리집 비전선언문을 냉장고 앞에 붙여 놓자)

2. 입술로 칭찬하는 가정, 감사표현 하는 가정
   (매일 저녁식탁에서 그날 감사제목 3개씩 나누자)

3. 손으로 터치하는 가정

4. 가슴으로 들어주는 가정
   (그날의 three big news 나누자)

5. 발로 도와주는 가정

6. 독서하는 가정

  (동일한 책으로 가족 독서클럽 만들자)

7. 개별성과 공동체성의 조화를 이루어가는 가정

8. 함께 봉사하는 가정

  (분기별 하루 봉사하는 날을 정해 함께 봉사하자)

9. 문제를 함께 풀어가는 가정

10. 유머가 살아있는 가정

학생들의
우리집
비전선언문
우수작

6가지 약속

1. 따뜻한 가정 안에서 함께 할 수 있음을 감사하자.

2. 내 감정은 솔직하게 표현, 상대 감정은 가슴으로 듣자.

3. 하루 한 번 이상 안아주자.

4. 가족도 나와 생각이 다를 수 있음을 인정하자.

5. 주님께서 주신 재능을 살려 필요한 사람이 되자.

6. 나누고 봉사할 줄 아는 사람이 되자.

최순영 학우

느린 것은 두려워 말라.
정지된 것을 두려워하라

앞서고 싶으냐, 물러나라,
그러면 앞에 서 있을 것이다

표현해 주세요!

가족은 나와 한 몸.

가족들 간에 어떤 일이 생기든

서로 보듬어주고 같은 편이 되어주고

말과 행동으로서 아프게 하는 일이 없기를 바라며…

말해주세요!

내가 우리가족을 얼마나 사랑하고 아끼고 있는지 말해주세요!

표현해 주세요!

말하지 않으면 알 수 없어요.

서로를 아끼고 사랑하는 마음을

표현함으로 우리 가족은 훨씬 따뜻하게 될 거에요.

하루에 3번~!

"사랑해요 여보~"

"사랑한다 아들아~"

"사랑한다 내 딸아~"

"사랑해요 엄마~"

"사랑해요 아빠~"

가족 데이트를 하자!

한 달에 한번 정도는 온 가족이 맛있는 도시락을 함께 준비하고 가까운 곳으로 소풍을 가자!

그 곳에서 가족과 함께 나누는 시간을 즐기고 자연을 벗삼아 서로의 소중함을 잊지말자!

효도의 미덕을 배우자.

어른을 공경하고 존중하는 모습이 얼마나 아름다운지 아이들에게 어른 공경의 뜻과 의미, 어떻게 하는 것이 올바른 효도이며 존중인지 모범이 되자.

주님과 동행 하는 삶

삶의 수많은 어려움과 기로 속에서 흔들리거나 헤메이지 않게 고난에 흔들리지 않게 잡아주시는 주님을 믿고 의지하는 믿음을 키워나가자.

포도처럼

세상에 하나뿐인 가장 사랑하는 아내

아빠의 피로 회복제 사랑하는 딸

두 번째 피로 회복제 사랑스런 아들

후회 없는 삶을 살자.
최고보다 최선을 다하자.
포도처럼 알콩달콩 행복하게 살자.

구학서 학우

일곱 빛깔 무지개

몸으로 좋은 습관을 만들어 성실한 가정이 되자.
손, 나누며 섬기는 손
입, 웃음과 찬양이 넘치는 입,
귀, 하나님의 말씀에 귀기울이는 착한 귀
눈, 나의 들보를 먼저 발견하는 눈
발, 복음전파를 위해 달려가는 발

감정이 잘 표현되는 열린 가정이 되자.
약속은 반드시 지켜 신뢰를 쌓고
작은 선물과 큰 선물로 용기를 주며
기쁨과 슬픔을 함께 하여 평화에 이르는 가정이 되자.

조화 속에 하나되자.
일곱색깔 무지개의 조화처럼
다양성속에 숨은 일치의 비밀을 발견하자.

대화 많이 하는 가정이 되자.
일주일에 두 번 이상 가족 모임을 갖고
대화와 소통의 시간을 갖자.

추억을 만드는 가정이 되자.
산책, 운동, 공연, 춤, 예배, 여행 등
함께하는 시간의 씨앗을 뿌려 추억창고가 넘치게 하자.

부지런한 가정이 되자.
정리정돈의 습관을 생활화 하자
일을 미루지 않고 절제력을 키워가며
재능을 자유롭게 디자인하여 꿈을 이루자.

세계와 민족을 가슴에 품자
 왕들과 높은 지위에 있는 모든 사람을 위해서도 기도하십시오. 그것은 우리가 경건하고 품위있게 조용하고 평화로운 생활을 하기 위함입니다. 이것은 우리구주 하나님께서 보시기에 좋은 일이며, 기쁘게 받으실 만한 일입니다.

이정미 학우

고전의 가르침을 따라

서로의 형편을 헤아리자

역지사지(易地思之) 앞서,
상대방이 어떠한 입장에 있는 지를 먼저 생각하자.

서로 의지하며 돕고 살자.

순치지세: 脣齒之勢
입술과 이가 서로 돕는 것처럼
서로를 꼭 필요한 존재로 여기며 살아가자.

늘 준비하는 자세로 살자.

초윤장산: 礎潤張傘
주춧돌이 젖어 있으면 우산을 준비해야 하는 것처럼
매사에 준비하는 자세로 살면서 어려움을 피하자.

박미경 학우

於世有仁, 於心有義
세상에는 인자를 베풀고 자신에게는 옳음을 견지하라

우리의 일주일

月(월요일)
달처럼 어두운 속에서도 서로 빛내준다.
(상대의 단점보다 장점을 본다)

火(화요일)
불처럼 열정적인 사랑으로 한다.
모든 일을 열정적으로

水(수요일)
물처럼 어떤 형태도 변할 수 있다.
상대방을 배려하여 수용한다.

木(목요일)
나무처럼 뿌리 깊은 정으로 끈끈한 관계를 맺는다.

金(금요일)

서로에게 수고했다고 금메달을 주며 격려한다.

土(토요일)

흙(대지)처럼 아이들이 쑥쑥 클 수 있는 넓은 마음을 가진 부모가
된다.

日(일요일)

하루 24시간 우리 가족이 함께하여 행복하게 살수 있도록
노력을 한다.

요시다 사오리

5가지 행복

칭찬

하루 한가지씩 칭찬해 주세요.

칭찬은 너와 나, 우리의 비타민 ~~~

긍정

마음을 살찌워 줄 보약이지요.

우리는 할 수 있어요!

건강

내 몸과 마음은

어떤 무엇과도 바꿀 수 없는 소중한 재산입니다.

행복

행복은 거창하고 큰 것이 아닙니다.

작지만 항상 내 앞에 있습니다.

눈을 크게 뜨고 귀를 기울여 주세요.

감사

Someone is praying for you.

Thanks, GOD.

Always!

김은경 학우

우리 집 비전 선언문

우 우리는 하나다. 부모를 떠나 둘이 하나 되는 게 부부다.

리(이) 이기려고 하지 말자. 서로 져주는 것으로 사랑하자.

집 집은 엄마의 품속이다. 우리 집을 언제나 가장 따뜻한 곳으로 만들자.

비 비전은 하나님을 힘써 아는 것이다. 영생은 곧 유일하신 참 하나님과 그의 보내신 자를 아는 것이다.

전 전부 잘하지 않아도 된다. 실수도 성장의 발판으로 삼자.

선 선생이 아니라 동반자가 되자 가르치려 하기보다 부족함을 격려하자.

언 언제나 한 방향을 바라보자. 과정은 다를 수 있지만 최종 목표는 하나님을 향해 가자.

문 문제 없는 집은 없다. 어제보다 나은 오늘을 살자.

이영옥 학우

남을 가르치는자
스스로 배우기를 멈추지 말라

우리는 한 몸의 지체

머리   항상 긍정적인 생각을 하자.

눈   새로운 관점으로 바라보자.

코   그리스도 향기 나는 사람이 되자.

입   긍정적인 말, 적극적인 말, 칭찬의 말,
      용기주는 말, 축복의 말을 하자.

귀   사소한 남의 말도 소중하게 듣자.

손   궂은일 솔선 수범하자

발   중도에 포기하지 말고 현실적인 목표를 향하자,

가슴   겸손, 배려, 이해심 많은 사람 되자.

등   소외된 이웃이 있음을 기억하자.

김금주 학우

살아있는 물고기는 짠 물속에 살아도
자신의 몸을 짜게 만들지 않는다.

8

비전

진정한 여행

가장 훌륭한 시는 아직 씌어지지 않았다.

the most magnificent poem hasn't been written yet

가장 아름다운 노래는 아직 불려지지 않았다.

the most beautiful song hasn't been sung yet

최고의 날들은 아직 살지 않은 날들…

the most glorious day hasn't been lived yet

가장 넓은 바다는 아직 항해되지 않았고

the most immence sea hasn't been pioneered yet

가장 먼 여행은 아직 끝나지 않았다.

the most prolonged travel hasn't been done yet

불멸의 춤은 아직 추어지지 않았으며

the immortal dance hasn't been performed yet

가장 빛나는 별은 아직 발견되지 않은 별

the most shine star hasn't been discovered yet

무엇을 해야 할 지 더 이상 알 수 없을 때

when we don't know any more what we are supposed to do

그때 비로소 진정한 무엇인가를 할 수 있다.

it's the time when we can do something true

어느 길로 가야 할지 더 이상 알 수 없을 때

when we don't know any more where we are supposed to go

그때가 비로소 진정한 여행의 시작이다.

it's the start when the true travel has just begun

나짐 히크메트

꿈을 잃지 않는 가정

별에 이르지 못하는 게 불행이 아니라.
별을 가지지 못하는 것이 불행이리라.

우리의 가정이 가슴 속 별을 가지고 있다면
설사 딸 수 없더라도 가슴 속에 별을 갖지 않은 가정과는
천양지판이다.

사뮤엘 울만은 〈젊음〉이라는 시에서
젊음이란 인생의 어떤 기간이 아니라
마음가짐을 말한다.

나이를 더해 가는 것만으로
사람은 늙지 않는다.

이상을 잃어버릴 때 비로소 늙는다.

그대에게도 나에게도 마음의 눈에 보이지 않는
우체국이 있다.

인간과 하나님으로부터 아름다움,
희망, 기쁨, 용기, 힘의 영광을 받는 한
그대는 젊다라고 역설한다.

보이지 않는 저 너머를 볼 수 있는 가정으로
세워가자.

목적항구가 있는 가정은 친밀감도 높아진다.
한 배를 탔기 때문이지요.

목적항구가 있는 가정은 외도도 준다.
목적지에 빨리 가야하는데 한눈 팔 시간 없기 때문이지요.

학생들의
우리집
비전선언문
우수작

나무

나무하나!! 현실에 만족하자
많은 사람들이 과거의 아픔과 경험을 기억하며 힘들어하는데
현실에 충실한 삶을 살고 행복한 삶을 꿈꾸며 살자.

나무둘!! 배려하며 살자
우리의 삶속에 배려라는 아름다운 단어를 기억하자.
배려는 곧 다른 사람에게 피해를 주지 않는다는 것이다.

나무셋!! 양보하며 살자
나보다 남을, 추월보다는 배려를 받기보다는
나누는 것을 생활화하자. 지는 것이 이기는 것이다.

나무넷!! 꾸준한 자기 치유와 성장을 하자.
가족과 나의 발전을 위해서는 내면아이와의 많은 갈등을 통해서
내적성장과 성숙을 시도해야한다.

나무다섯!! 대화를 많이 하자.
대화를 통해서 내면의 불편한 진실을 꺼내어 서로 소통하고
이해하는 시간을 많이 가져야 겠다.
소통부재를 단절시키기 위해 최선의 노력을 다해야 겠다.

나무여섯!! 항상 기쁘게 살자.
긍정의 힘을 통해서 항상 즐겁고 기쁘게 살자.
삶의 해피바이러스를 나뿐만 아니라 많은 사람들에게
민들레 홀씨처럼 퍼트리자.

나무일곱!! 내 뒤에는 하나님의 백그라운드가 있다.
나는 할 수 있다. 나는 행복하다. 나는 내 삶의 주인공이다.
이모든 마음속의 힘은 내안의 나를 지켜주는
하나님의 영적인 존재의 힘이 나를 튼튼하게 지지해주고 있음이다.

코람데오

코람데오! 하나님 앞에서 올바른 가치관 세우기.

삶의 우선 순위 정하기.
항상 기뻐하고 기도하며 감사하며 살기.

올바른 가치관 세우기.
매일 성경 먼저 읽기, 위인전 등 책 많이 접하기,
자원봉사 생활화 하기.

삶의 우선 순위 정하기.
매 주일 성수하기, 수입의 십일조 드리기, 삶에 최선을 다하기.

항상 기뻐하고 쉬지말고 기도하며 범사에 감사하며 살기.
늘 주위에서 기쁨 찾기, 매일 시간 정하여 기도하기.
어떤 일에도 감사하기.

말 배우는데 1년 걸리고
침묵 배우는데 60년 걸린다

행복하자

행   행하자

복   복의 통로가 되자

하   하나님의

자   자녀답게 !

땅의 모든 족속이 너를 인하여 복을 얻을 것이니라

이진경 학우

上善 若水 –
최고의 선은 물과 같습니다.
만물을 이롭게 합니다.
모든 사람이 싫어하는 낮은 곳으로 자신을 둡니다.
다투지 않습니다. 산이 가로막으면 돌아갑니다.
분지를 만나면 그 빈곳을 가득 채운 다음 나아갑니다.
水善利 萬物 而 不爭

어깨동무 가족

늘, 어깨동무를 하는 가정이 되자

하나. 어깨를 맞대고 으샤으쌰샤해서 세상일 맘껏 탐색하고 도
      전하는 우리가 되겠습니다.

둘.   언제까지나 어떠한 일에도 촘촘하게 어깨를 맞대고 같은
      편이 되어주겠습니다.

셋.   세상일에 치이고 힘들어지쳐 돌아오는 날 기대어 쉴 수
      있는 어깨를 내어 주는 따뜻한가정이 되겠습니다.

우리에게 가족이란, 어깨동무를 하면서 그곳에 ⋯ 함께 있는 것을
의미한다.

유선하 학우

4개의 창

사랑의 窓, 소망의 窓, 믿음의 窓, 의지의 窓

창으로 보이는 풍경이
더욱 아름답듯이
사랑의 窓으로
서로를 바라보자.

추운 겨울이 따스한 생명의
봄을 소망하듯이
또 그 봄은 꽃이 피는
뜨거운 여름을 소망하듯이
그리고 그 여름은 풍성한 결실을 맺는
가을을 소망하듯이
우린 서로 소망의 窓으로 바라보자.

보고 믿는 것 보다
믿으면 더 잘 보이는 것 처럼
지금까지 그렇게 해왔듯이
믿음의 窓으로 바라보자.

내가 없는 당신과
당신 없는 내가
아무런 의미가 없듯이
서로의 지지대가
우리의 의미이듯
오늘도 내일도 서로
의지의 窓으로 바라보자.

박명순 학우

다섯 손가락

돈을 잃으면 조금 잃는 것이요, 명예를 잃으면 많이 잃은 것이고, 건강을 잃으면 모든 것을 다 잃는 것이다.

건강은 우리 가정의 전부다.

하루, 일주일, 한 달, 일년의 계획을 세우고 꿈을 향해 달려가는 가정이 되자.

배려하는 마음은 세상의 등불이다. 가족을 살피고 아끼는 마음으로 말 한마디, 생각 한 번, 행동 한 번을 역지사지(易地思之)로 생각하는 가정이 되자.

사랑이 있으면 어떤 어려움이 있다 하더라도 모두 극복할 수 있다. 남녀 간의 사랑도 아름답지만, 이 세상에서 제일 아름다운 사랑은 가족 간의 사랑인 우리집.

작은 것에도 소중하게 생각하고 감사하는 마음을 가지는 가정이 되자.

김희숙 학우

배려

존중

가족이라도 서로를 존중하는 자세가 필요하다. 가족간에 고운 말을 사용하는 것에서부터 존중의 시작이 될 수 있으며 가족 간의 서로를 높이고 귀중하게 생각하고 대하는 게 가족 간의 존중이라고 볼 수 있다.

칭찬

칭찬이 가장 필요하면서도 힘들고 어렵게 느껴지는 사람들이 바로 가족들이다.

가족끼리도 칭찬을 자주 해준다면 서로 변화를 일으킬 수 있다. 가족 사이의 사랑의 묘약이 칭찬이라는 것을 경험할 것이다. 서로 표현 해야 한다. "고마워, 미안해, 사랑해" 이렇게 짧은 말이라도 가족간에 어려운 문제들이 쉽게 해결될 수도 있다.

사랑

한발씩 뒤로 걸어보면 내 곁에 묵묵히 서 있는 누군가가 있다.

힘들고 어려울 때 눈물을 흘리면 하얀 손순건으로 젖은 볼을 닦아주던 누군가가 있다. 기쁘고 즐거울때 내가 달려가면 두 손으로 흔쾌히 반겨주던 누군가가 있다.

삶이 괴로울 때 엎드려 내 곁에 묵묵히 서 있는 가족이 있다.

바다에서 찾아볼 수 없는 사랑과 우리를 위해 울지 못하는 사람, 하지만 우리들에게 고마운 사람, 바로 사랑하는 우리 가족

믿음

가족간의 힘을 보태주고 응원해주고 믿어줌으로써 삶을 지탱해주는 한 부분이라고 본다. 항상 내편이 되어주는 우리 가족, 든든한 버팀목이 되어주는 우리 가족.

믿음이 있기에 힘들일이 있어도 슬픈 일이 있어도 굳건할 수 있다.

배려

바쁘게 생활하면서 피곤하고 지쳐 있을때 간혹 누구를 위하여 이렇게 힘들게 살아야 하나!~하고 생각해 볼 때가 있을 것이다. 부인이나 가족들에게 괜한 투정과 짜증스러움을 부리다가도 한 잔의 술에 마음을 풀어보며 내게 주어진 운명이려니 하고 넘어가게 됩니다만, 그럴 때 가족들의 소박 하지만 성의 있는 이벤트나 부인의 따뜻

한 마음과 정성을 담은 말 한마디에 용기와 활력이 불끈 솟아 오르며 지쳐있는 모습이 저절로 사그러짐을 느낄 수 있다고 본다.

가족이란! 책임보다 더 서로 보듬어주고 힘들때 기대라고 있는 거다.

감사

가족간에 매일매일 감사와 사랑을 표현한다. 지금 함께 하고 있는 가족들과 함께 살아가고 있는 거에 감사해야 한다.

가족간의 감사함으로 하루하루 생각해 보면서 서로를 이해하기로 한다.

김인자 학우

春陽時雨춘양시우

그의 얼굴빛은 사람과 관계 맺는 것이
봄볕의 따사로움 같고
그의 언어는 듣는이 가슴에 젖어 드는 것이
단비의 촉촉함 같다

비전 66

월화수목금토일 '매일매일 잊지 말고 기억하자'

월(月) 이웃사랑
달이 밤하늘을 환하게 비추듯 지역과 이웃에 빛 된 존재가
되자.

화(火) 가족사랑
불처럼 열정적으로 헌신적으로 사랑하며 살자.

수(水) 나눔 실천
물이 고여 있으면 썩듯이 물질도 마찬가지.
적은 물질이라도 나누며 살자.(기부, 나눔)

목(木) 인내 훈련, 항상 인내
(길게 곧게 뻗은) 나무도 멋있지만 비바람 맞아 구부러지고
다듬어진 나무는 더욱 아름답다.
시련과 고난을 인내하고 즐기자.

금(金) 주를 경외, 주를 찬양, 주께 기도

금처럼 변함없이 몇 십 년, 몇 백 년이 흘러도 주를 경외하
고 찬양하는 마음 주시길 늘 기도하자.

토(土) 자아 개발

흙도 거름을 주고 씨앗을 뿌리고 경작해야 기름진 땅이 된
다. 나에게도 필요한 영양분을 공급하며 살자.
그리고 서로의 발전을 위해 배려하자.(공부, 독서, 여행)

일(日) 말씀 중심

해처럼 세상을 비출 수 있는 말씀의 자녀로 양육하자.
(말씀, 인성 · 예절 교육)

민선영 학우

vision

월   이웃사랑

화   가족사랑

수   나눔 실천

목   인내 훈련, 항상 인내

금   주를 경외, 주를 찬양, 주께 기도

토   자아 개발

일   말씀 중심

冥冥 至重, 獨見 曉焉
오묘한 어둠 속에서 홀로 밝은 빛을 보는 즐거움

장자

비전 68

하! 하! 하!

하루 하루 서로에게 감사하고 충실한 가족
하! 하! 하! 하루하루 서로에게 감사하고 충실한 가족!

함께 하기로한 그때의 설레임을 간직하기

〈실천사항〉
하루 10분 부부대화
하루 4번이상 포옹
하루 3번이상 "고마요, 사랑해요" 입으로 말하기
항상 의논하기
늘 지지하기
함께 잠들기
서로의 건강에 관심가지기

우리라는 이름으로 함께 하는 가족들과 행복 만들기

〈실천사항〉

매주 토요일 친정부모님께 전화

매주 토요일 시부모님댁 방문(저녁함께 먹기)

"감사해요, 덕분이에요." 입으로 말씀드리기

정기건강검진 챙겨드리기

함께 종교생활하기

자신과 이웃을 사랑할 줄 아는 사람으로 자랄 아이들

〈실천사항〉

하루 2권의 책 읽어주기

하루 5번이상 포옹하고 사랑한다고 말해주기

봉사활동 함께 하기

저축 습관들이기

기부하는 습관 들이기

일기쓰는 습관들이기

기도하고 반성하는 습관들이기

엄성임 학우

비전

아래 글은 북한 탈주민 학우가 작성한 글입니다.

밥 한 끼 배불리 먹어 보고 죽는 것이 소망이었다는 글이 마음 아파서 한동안 가슴이 먹먹하였다.

※ ※ ※ ※

나는 배고픔이라는 자그마한 주머니를 채울 길 없어서 한 사람씩 한사람씩 굶어 죽어가는 가족들을 모두 떠나보낸 뒤 밥 한 끼 배불리 먹어보고 죽고 싶어 탈북한, 이전의 한 남편의 부인이였으며, 두 딸의 어머니였으며, 수많은 제자들의 스승으로 존경받았던 중년 여인이다.

가족비전문 과제를 받아 안고 몇몇 밤을 눈물 속에 지내다가 학점이 두려워 이 글을 쓰게 된다.

모두들 즐거운 마음으로 행복한 가족들의 모습을 그려가며 쓰고 또 쓰고 싶은 가족의 수많은 이야기들을 앞에 놓고 있으련만 나는 잎 새 없이 앙상한 한그루의 겨울나무 같은 내 모습에 손이 떨리고 가슴이 저려온다.

"언제면 나에게도 가족이 되어줄 한 잎, 한 잎의 나무 잎 새들이 피어나 푸른잎 무성한 한 그루의 나무가 될 가?"
늘 이 생각을 가슴에 안고 나는 사회의 세포인 가족의 푸른 숲속 중 한그루의 나무가 되고 싶었지만 반세기를 서로 다른 문화권에서 살아온 나에게 가족을 이룰 만남의 기회는 쉽지 않았다.

하여 나는 오늘도 공상 속의 가정을 상상해 보며 글을 쓴다.
작은 방 두 칸짜리 50평 정도의 채소밭, 성실하고 근면한 농부 한 남자와 두 딸이 함께 옛이야기 들려주는 아빠 곁에 나란히 팔베개 베고 누워 깔깔 웃으며 살아가는 행복한 삶의 요람 농어촌마을!
서로가 서로를 위해주고 아무 욕심 없이 단순하게 살아가는, 어찌 보면 한 세기 떨어졌다고 보는 그런 가정의 삶을 살고 싶다. 예전의 우리 가정 같은 …

지나간 젊었던 시간이 그립고, 이 좋은 곳에서 마음의 상처 없이, 가족에 대한 죄책감과 미안함이 없이 다시 태어나 큰 욕심 없이 평범한 안해로, 어머니로 다시 살고 싶다.

9

존중

존중이 살아있는 가정

밉게 보면 잡초 아닌 풀이 없고
곱게 보면 꽃 아닌 사람이 없으되
그대를 꽃으로 볼 일이로다.

털려고 들면 먼지없는 이 없고
덮으려고 들면 못 덮을 허물 없으되

누구의 눈에 들기는 힘들어도
그 눈 밖에 나기는 한 순간이더라.

귀가 얇은 자는
그 입 또한 가랑잎처럼 가볍고
귀가 두꺼운 자는

그 입 또한 바위처럼 무거운 법

생각이 깊은 자여
그대는 남의 말을 내말처럼 하리라.

겸손은 사람을 머물게 하고
칭찬은 사람을 가깝게 하고
넓음은 사람을 따르게 하고
깊음은 사람을 감동케 하니

마음이 아름다운 자여
그대 그 향기에
세상이 아름다워라 …

정약용의 목민심서에서

나마스떼

나는 너를 존중한다라는 의미의 인도 산스크리트 인사말이다.

내가 그를 안다는 것은 그의 안에 내재하는 선함과 아름다움을 볼 수 있게 된다는 것이다.

진정한 존중이 있으려면 7가지를 기억하라

1. 겸손하라.

2. 상대방을 인정하라.
   (그가 불평하면 사랑에 굶주리고 있구나 라고 생각하라.)

3. 나의 잘하고 강한 부분을 조심하라.

4. 그 사람의 부족한 부분을 도마질하는 칼이나 창이 아니라. 그 부분을 돕는 쟁기가 되라.

5. '엎어진 대야에는 물 한 방울 못 고인다.'를 가슴에 담아라.

6. 도움을 받은 사람보다 도움을 준 사람이 오히려 감사하라.

7. 올바른 리더십은 설득하는 것보다 설득 당하는 편이 진정한 리더십임을 인지하라.

학생들의
우리집
비전선언문
우수작

알록달록 나뭇잎 가족

1. 알록달록 나뭇잎 예쁜 가정이 되자.

자연이 주는 아름다움과 신비로움처럼, 생명감이 살아 숨쉬는 것 처럼 서로를 사랑하고 예쁘게 가꾸어 줄 수 있는 가정이 되길 원합니다.

2. 인내하여 열매 맺는 가정이 되자.

인내란 힘들고 어렵지만 끝까지 포기하지 않는 인내로 달콤한 열매를 맺을 수 있도록 기도하는 가정이 되길 원합니다.

3. 많이 안아주고 칭찬하는 가정이 되자.

사람은 생존을 위해 하루에 4번의 포옹이 필요하고, 평안 유지를 위해 8번, 성장을 위해서는 12번의 포옹이 필요하듯이 나의 긍정적인 감정이 상대에게 전달되기 위한 몸의 언어로 몸과 몸, 마음과 마음의 거리를 좁혀주며 함께 소통하며 가깝게 지낼 수 있는 작은 것에서도 칭찬해 주는 가정이 되길 원합니다.

4. 연결고리의 나뭇가지가 되어 협력하는 가정이 되자.

서로를 연결하여 지지하고 가족의 움직임을 도와 부드러운 관계 유지에 힘쓰는 가정이 되길 원합니다.

5. 나무그늘이 되어 쉴 수 있는 가정이 되자.

커다란 나무 아래 커다란 그늘이 있듯 무언가 바라기 보단 마음을 비우고 서로를 이해하며 쉴 수 있는 아늑한 공간의 가정이 되길 원합니다.

6. 든든한 나무뿌리가 되는 가정이 되자.

믿음의 뿌리를 견고히 내려 가족간의 신뢰를 쌓는 가정이 되길 원합니다.

7. 입금통장이 더 많은 가정이 되자.

저축에 입, 출금통장이 있듯이 가정에는 사랑과 믿음으로 입금통장이 나날이 쌓여가는 가정이 되길 원합니다.

8. 나를 사랑하는 가정이 되자.

나를 사랑할 줄 알아야 다른 사람도 사랑할 수 있다는 것을 생각하며 자신을 사랑하며 하루를 최선을 다해 노력하며 더 나은 내일을 꿈꾸는 가정이 되길 원합니다.

김정자 학우

우리집 보물

우리 집 기둥이 되자.
가족 모두의 건강을 위해 담배 끊고,
일찍 귀가하여 가족들과 함께 저녁 시간 보내자.

천사표 엄마가 되자.
가족 모두가 쉬고 싶은 집,
따뜻한 밥을 먹을 수 있는 집을 만들자.

보물 1호가 되자.
나는 우리집 큰 딸이다.
엄마 아빠에게 받은 사랑을 동생에게 나눠주고
가장 소중한 보물이 되자.

보물 2호가 되자.

나는 우리집 작은 딸이다.

피아노로 가족들에게 아름다운 음악을 들려주고

웃음 보따리도 풀어 놓는 귀염둥이 보물이 되자.

이성섭 학우

축복

1. 하나님과의 만남의 축복을 전달하겠습니다.

2. 영적 스승과의 만남의 축복을 전달하겠습니다.

3. 전문성 배울 스승과의 만남의 축복을 전달하겠습니다.

4. 동역자와의 만남의 축복을 전달하겠습니다.

5. 배우자와의 만남의 축복을 전달하겠습니다.

전은주 학우

행복

행복을 주는 꿈을 갖자.

행복을 주는 생각을 하자.

행복을 주는 말을 하자.

행복을 나누는 자가 되자.

행복한 사람이 되자.

윤민호 학우

우리 시대의 역설—
달에는 갔다 왔지만 길을 건너가
이웃을 만나기는 더 힘들어졌고,
우주를 향해 나아가지만 우리 안의 세계는 잃어버렸다.
공기정화기는 갖고 있지만 영혼은 더 오염되었고,
원자는 쪼갤 수 있지만 편견을 부수지는 못한다.

비전 74

검정치마의 노래 ANTIFREEZE

우린 오래 전부터 어쩔 수 없는 거였어. 우주 속을 홀로 떠돌며 많이 외로워 하다가 어느 순간 태양과 달이 겹치게 될 때면 모든 것을 이해할 수 있을 거야. 하늘에선 비만 내렸어. 뼈 속까지 다 젖었어.

얼마 있다 비가 그쳤어. 대신 눈이 내리더니 영화 서도 볼 수 없던 눈보라가 불 때 너는 내가 처음 봤던 눈동자야.

낯익은 거리들이 거울처럼 반짝여도 니가 건네 주는 커피 위에 살얼음이 떠도 우리 둘은 얼어붙지 않을 거야. 바다 속의 모래까지 녹일 거야.

춤을 추며 절망이랑 싸울 거야. 얼어붙은 아스팔트 도시 위로 숨이 막힐 거 같이 차가웠던 공기 속에 너의 체온이 내게 스며들어 오고 있어. 우리 둘은 얼어붙지 않을 거야.

바다 속의 모래까지 녹일 거야. 춤을 추며 절망이랑 싸울 거야.

얼어 붙은 아스팔트 도시 위로 너와 나의 세대가 마지막이면 어떡해. 또 다른 빙하기가 찾아오면 어떡해. 긴 세월에 변하지 않을 그런 사랑은 없겠지만 그 사랑을 기다려줄 그런 사람을 찾는 거야.

ACCEPT

서로 운명공동체임을 받아들입니다.

서로를 무비판적으로 수용합니다.

세월이 흐르면서 변하는 변화를 받아들입니다.

그 변화는 사랑이 식은 것이 아니라

뜨겁고 투박했던 사랑이 완성되어 가고 있음을 받아들입니다 .

DIFFERENT

각자의 다른 가정에서 자라왔기 때문에 다름을 인정합니다.

운명공동체로서 서로 하나 인 것은 맞지만

서로 다른 인격체임을 알고 존중해줍니다.

INTEREST

같은 취미를 공유하며 즐거움을 함께 합니다.

한 사람이 기분이 좋지 않을 때 그만의 연예인이 되어

즐거움을 선물해줍니다.

음악과 함께 서로를 느끼고 배려하며 춤을 춥니다.

FREEDOM

서로의 권리와 자유를 인정해줍니다.

자유를 보장하며 서로에 대해 책임을 다합니다.

MIRROR
서로의 거울이 되어 존경할 수 있는 모델이 되어줍니다.

DEVELOP
배우는데 부지런하며 서로 발전시킬 수 있는 관계를 형성합니다.
개인과 부부, 가족이 발전하고 강해져서 이웃과
사회 더 나아가 세계가 발전 할 수 있도록
선한 영향력을 주는 가족이 됩니다.

OVERCOME
어려움이 닥쳤을 때 갈등에 머무르거나 회피하지 않고
해결 할 수 있도록 서로를 의지하며 극복합니다.

VOCALIZE
상대방을 통해 상처를 받았다고 느꼈을 때 짜증과 몸짓으로
표현하는 것이 아니라 대화를 나누며 감정을 표현합니다.
상대방을 질책하며 이야기하는 것이 아니라
내 자신을 바라보며 나의 감정을 말로 표현합니다.
서로 사랑하고 있음을 아낌없이 표현합니다.

EXIETENCE

상대방이 가진 조건이 좋은 것이 아니라
나의 배우자가 존재함이 소중하고 감사합니다.
이 사람이 내 사람인 것에 감사합니다.
이 세상에 하나뿐인 나의 배우자임을 감사합니다.

춤을 추며 절망 이랑 싸울 거야 라는 노래 가사처럼 어려움이 있
더라도 서로를 느끼고 비전을 바라보며 함께 긍정적으로 극복해 나
아갈 것을 선언합니다.

서로가 찾던 우리임을 선언합니다.

이슬기 학우

信望愛

信　창조주 하나님께 영광 돌리는
　　온전한 믿음의 삶

望　기쁨으로 시간과 물질을 드리며
　　천국을 바라보는 소망의 삶

愛　선한 사마리아인처럼
　　그리스도의 가슴으로
　　자비를 베푸는 사랑의 삶

이미숙 학우

최고의 사랑

최 최고 보다는 최선을 다하는 우리

고 고목나무처럼 서로에게 든든한 동반자

의 의심하지 않고 서로를 신뢰하는 우리

사 사랑을 주고 받을 줄 아는 우리

랑 (낭)만적 사랑으로 행복을 꿈꾸는 우리

김영민 학우

웃으면 하나

1. 어머니의 웃음은 꽃보다 아름답다.

꽃향기보다 그윽한 미소로 항상 가족의 평안을 위해 서로 배려하자.

2. 승현이의 웃음은 소나무처럼 곧다.

곧은 절개와 정의를 알고 실천하자. 이타심을 갖는 사회구성원으로 도덕성을 갖추자.

3. 아버지의 웃음은 햇살보다 따스하다.

경계를 허물다. 365일 늘 그렇듯이 가족에 온기를 불어넣은 정을 나누자.

4. 혁이의 웃음은 달님처럼 순수하다.

참된 가족되자. 거짓이 없이 순수한 마음으로 서로를 돕고 함께 하자.

이승현 학우

이 세상에서 사랑이 필요하지 않을 만큼
넉넉한 사람은 아무도 없으며

이 세상에서 사랑을 베풀지 못할 정도로
가난한 사람은 아무도 없다

아나바다

아껴주자

서로를 아껴주자. 원석을 가꾸어 보석을 만드는 것처럼
서로를 아끼어 보석이 되는 삶을 살아가자.
우리의 자녀들을 아끼고 사랑하며
좋은 부모가 되도록 노력하자.

나누자

기쁨을 나누면 배가 되고,
슬픔을 나누면 반이 된다는 말이 있듯이,
가까이서 감정을 공유하며
서로에게 힘이 되는 삶을 살자.
이기적인 마음을 버리고,
우리 가정 외에 어려운 이웃들에게 물질적이든
정신적이든 나누어 마음이 풍요로운 부부가 되자.

바라보자
부부는 한 방향을 함께 바라보며 살아가는 것.
서로의 장점만을 바라보려 노력하면 싸울 일도 없으니
서로의 단점을 찾더라도 보완해주며
서로의 좋은 점만 찾으며 살자.

다름을 인정하자
우리는 다름을 인정하고,
상대방을 존중하며 살자.
서로의 의견이 다를 수 있지만
서로의 마음은 같음을 잊지 말고
각자의 감정보다는 약속한 미래를 생각하며
앞으로의 삶에 집중하자.

지승호 학우

DREAM

D (Disciple)   주님의 참 제자로 살자.

R (Revival)   목표를 꿈꾸며 살자.

E (Enjoyment)   충만한 기쁨으로 살자.

A (Agape)   사랑으로 섬기자.

M (Miracle)   하루하루 기적을 누리며 살자.

서현경 학우

religion = relation

삶=사람

지금 이 순간

지 지금 이순간 함께 하는 모든 이에게 진실되자.

'지금 알고 있는 걸 그때도 알았더라면'하며 후회하지 말자.

지금 할 일을 미루지 말자 – 사랑한다 표현하자.

금 금지옥엽처럼 서로를 소중히 하자.

금나와라 뚝딱 – 날마다 서로에게 웃음 을 선사하자.

금기사항을 지키자 – 무시, 외면, 함부로 대하는 것을 하지

말자.

이 이기려는 마음보다 져줄 줄 아는 너그러움을 갖자.

이웃의 아픔을 함께하는 따뜻한 사람이 되자.

이유 불문, 무조건적으로 수용하며 존중하자.

순　순간순간 깨어있는 지성으로 겸손하고 배움에 충실하자.
순간의 소중함을 알고 성실히 살자.
내가 허투로 보낸 하루가 누군가에겐
너무나도 살고 싶은 하루라는 것을 기억하자.
순간의 선택은 신중히 하되 행동함에는 굼뜨지 말자.

간　간간히 지난 시간을 되새겨보며 자신을 성찰하는 시간을 갖자.
간단명료하게 서로가 하고자 하는 말은 하고 살자.
간절히 소망하면 모든 이뤄질 것을 믿고 기도하자.

지금 이순간의 다짐을 잊지 않고 지금 이순간 최선을 다해서 살며 지금 이순간 함께 하는 모든 사람에게 진심을 다하자는 의미에서 우리집 비전선언문의 제목을 지금 이 순간으로 정해 보았습니다.

김옥진 학우

NEW START

N (New)	항상 새로운 마음으로 살아가자.
	미래에 대한 꿈을 꾸고 꿈을 길러 나가자.
E (Exercise)	걸으면 살고 누우면 죽는다. 운동을 생활화 하자.
W (Water)	깨끗한 물을 많이 마시자.
	물처럼 맑고 유연하게 살자.
S (Sunshin)	인생의 밝은 면을 바라보자.
	긍정적으로 생각하자.
T (temperance)	인내는 쓰다. 열매는 달다.
	부부 싸움을 하기 전에 좀더 생각하자.
A (Air)	집안 공기를 따뜻하게 만들자.
	상대방 입장을 먼저 생각해보자.
R (Rest)	가정이 휴식처가 될 수 있도록 만들자.
	Home Sweet Home을 만들자.
T (Trust in God)	하나님을 신뢰하자.
	하나님을 집안의 가장으로 모시자.

박용환 학우

고슴도치

고   고마워요! 감사해요! 사랑해요!
    우리집 식구들이 가장 즐겨하는 말!

습   습습한 국물에도 간장 한 스푼 더하면 감칠
    맛이 나듯이, 밋밋한 가족 사이 사랑
    한 스푼 더하면 새콤달콤 향기가 나죠.

도   도와주는 인생! 하나님께서는 넘치도록 복을 부어주시죠.
    우리 가족도 그렇게 살아가요.

치   유하고 치유받는 곳은
    바로 우리집.
    임마누엘 우리집! 고슴도치 우리집!

박선희 학우

+-×÷ 가족

+ 날마다 서로에게 "사랑해"라는
  사랑의 언어를 더하고

− 서로의 단점은 살짝 빼고

× 세워주는 말은 서로 칭찬하는 것은
  두배로 곱하고

÷ 힘들 때 서로를 신뢰함으로 함께 나누어

= 세상에서 가장 아름답고 건강한 우리 가정을 만들자.

김미영 학우

믿음이란 추상적 이론이 아니라 삶의 실제적 도구

실천한 딱 그만큼만 자기 믿음이리라.

그래도 결혼이다

결혼은 구속이고, 모험이며 인간의 개별성이 소멸되는 제도라 하며 독신주의를 찬양하는 사람들이 우후죽순처럼 많이 생겨나는 이즈음이다. 혹자는 결혼은 경제성이 없는 제도라 싫다 하는 이도 적지 않다. 결혼은 자기를 희생해야 하는 과정이라 두렵다는 이들도 있다.

그러나 아이로니컬하게도 행복을 이끄는 가장 큰 요소가 가족이라는 종단적 연구가 나왔습니다. 유엔에서 세계 가치관 조사가 있었다. 세계 46개국이 참여하고 4회에 걸친 10년 간의 종단적 연구, 행복을 이끄는 빅 7에서 가족은 단연 1위이었다. 건강, 경제, 일, 친구, 취미 등이 뒤따라오고 있었다.

대학에서 가족학을 강의하는 가족학자로서, 홈 빌더의 꿈을 품고 설립한 연합가족상담연구소에서 10대부터 80대까지의 내담자들의 가족문제를 매일매일 다루는 가족문제 임상가로서 또한 결혼 45년 차의 주부로서 이 어둠의 시대에, 이 아픔과 도착의 시대에 인구절 벽으로 나라의 존폐가 폭풍 앞의 등잔불 같은 이 시대에 왜 결혼인 가 함께 이야기 하고 싶다.

결혼, 실존적 고독에 대한 해답

에덴에서 추방 되었을 때부터 우리네 인간이 운명적으로 덧입게 된 원초적 고독, 이 실존적 고독을 치유할 수 있는 곳이 가정이고 결 혼이다. 아파치 인디언 추장은 결혼하는 신랑신부에게 이제 너희 둘 은 더 이상 비 맞지 않으리… 더 이상 추워하지 않으리 라는 결혼축 시를 읽어준다고 한다. 마틴 부버는 인생은 만남이라 하였는데 결혼 은 아주 특별한 만남이다.

가정에서는 우리의 관계가 사물과 사물과의 만남(ich und es)이 아 니라 너와 나(ich und du)의 만남으로 이루어 질수 있기 때문이다. 추 운 겨울 창문 밖 바깥은 비바람이 불어쳐도 가정 안에서는 따뜻한 난로가 있기 때문이다.

결혼, 사랑에 굶주린 인간의 양식을 얻을 수 있는 곳

모든 종교의 궁극적 목적은 사랑이다. 특별한 종교창시자가 아니더라도 범인인 톨스토이도 생명을 이끄는 힘은 사랑이라 했다. 사랑에 굶주렸을 때 그 공허함을 메꾸어 보려고 도박 알콜 섹스 중독의 늪에 빠지기 된다. 외로운 우리네 인간의 양식이 사랑이기 때문이다. 생존하기 위하여는 사랑이라는 양식이 절대 필요하다.

생명을 대신 내어 줄 만큼 사랑하는 사랑의 대상이 있다는 것은 참으로 행복한 삶이다. 사랑받는 사람은 물론이고 생명보다 더 사랑하는 사랑의 대상이 있는 그 사람도 엔도르핀이 매일 샘솟는 삶을 살게 된다. 가정에는 내 생명보다 사랑하는 그가 있다는 것이다.

주는 사랑이 행복한 유일한 곳, 가정이다. 된장찌개 하나 오글보글 끓여 놓고 알콩달콩 행복할 수 있는 곳이 가정이고 결혼이다. 사랑으로 다른 가족 구성원의 개별성과 재능이 꽃피워지도록 희생하는 곳이 가족이며 결혼이다. 개별성이 소멸되는 것이 아니라 오히려 내 개별성이 꽃피워지도록 희생과 지원을 받을 수 있는 곳이 가정이고 결혼이다.

결혼, 온전한 인격체로 재탄생 하는 필수과정

어떤 이는 결혼은 성숙을 위한 동반과정이라 하였고 또 어떤 이는 결혼생활은 거칠게 말하자면 썩는 것이다. 그러면 거기에서 싹이 나고 순이 자라 열매 맺는 나무가 되는 것이다라고 역설합니다.

그렇다. 결혼을 통하여 보다 온전한 인격체로 태어난다는 것이다 결혼이란 바로 이렇게 우리의 마지막 모난 곳을 발견하는 과정입니다. 이것은 매우 힘들고, 아주 어려운 과정이지만, 완성된 인격체로 만들기 위한 필수과정인 것입니다. 그러기에 결혼이란 하늘에서 내려준 커다란 선물인 것입니다. 당신을 좀 더 나은 사람으로 거듭나게 해주어 고맙다고 당신 옆에 그 사람에게 감사하십시오.

결혼, 오히려 삶의 날개를

어릴적 연날리기를 좋아해서 동네 운동장에서 종종 연을 날리곤 하였습니다. 자유롭게 훨훨 날아다니는 연을 동경했습니다. 실이 연을 놓아주면 더 자유롭게 멋있게 날아갈 것 같아 실을 놓아주면 연은 멋있게 높이 별나라로 가는 것이 아니라 방죽에 빠져 버리곤 하였던 것을 기억합니다. 세차게 흘러가는 냇물에서 넘어지지 않고 서 있으려면 내 등에 짐을 지워야 합니다.

결혼도 마찬가지입니다. 가족 때문에 힘든 줄 모르고 오늘도 열심히 일합니다. 가족은 우리네 삶의 날개이기 때문입니다. 가족 때문에 오늘도 옳은 길 가려고 발버둥 칩니다. 가족이 있기에 그 날이 마지막인 것처럼 열심히 살고 가족 때문에 영원히 살 것처럼 열심히 살게 되는 것입니다.

결혼, 상보성의 선물을

결혼은 씨줄과 날줄이 만난 운명공동체입니다. 씨줄이 없으면 혹은 날줄이 없으면 직물이 짜여지지 않습니다. 해 아래 그 어떤 존재가 온전한 존재가 있겠습니까. 쌍 겹줄은 외 겹줄보다 강합니다. 내가 부족한 부분 그가 채워줍니다 그가 부족한 부분 내가 채웁니다.

둘이 가는 길은 넘어지지 않을 수 있습니다. 졸고 있을 때 깨워줄 수 있으며 낮잠 자고 있을 때 토닥거리며 같이 가자고 손내밀기에 결혼에서 만난 그는 내 삶의 여정에 찾아온 천사입니다.

둘이 가는 길은 보다 지혜롭습니다. 물고기는 물에 살아도 자신의 몸을 짜게 만들지 않습니다. 물고기의 지혜를 보유할 수 있는 것은 가족 때문입니다. 세상 안에 있어도 오염되지 않을 수 있는 힘을 서로에게 주기 때문입니다.

이혼해야 할 99가지 이유보다 함께 살아야 할 그 한 가지 이유의 비중이 훨씬 더 크기에 그래도 결혼입니다.

그분이 내려주신 최고의 선물, 가정을 꿈이 있는 가정, 비전선언문을 가짐으로써 목표 항구가 분명한 가정으로 세워져 건강한 가정으로 세워갈 수 있다면 하고 소망해 봅니다.

복합문화공간, 〈북쌔즈〉의 비전을 바라보며,

염정희